SUPERDICAS PARA COMPRAR BEM E DEFENDER SEUS DIREITOS DE CONSUMIDOR

Rizzatto Nunes

SUPERDICAS PARA COMPRAR BEM E DEFENDER SEUS DIREITOS DE CONSUMIDOR

Conforme a
nova ortografia

Editora
Saraiva

ISBN 978-85-02-07580-1

Gerente editorial: Rogério Carlos Gastaldo de Oliveira
Editora-assistente e preparação de texto: Kandy Sgarbi Saraiva
Auxiliar de serviços editoriais: Rute de Brito
Revisão: Pedro Cunha Jr. (coord.) / David Medeiros / Veridiana Cunha
Gerente de arte: Nair de Medeiros Barbosa
Projeto gráfico: Antonio Roberto Bressan
Diagramação: Christof Gunkel
Capa: Alexandre Rampazo
Ilustrações: Luigi Rocco
Coordenador da série Superdicas: Reinaldo Polito

Dados Internacionais de Catalogação na Publicação (CIP)
(Câmara Brasileira do Livro, SP, Brasil)

Nunes, Luiz Antônio Rizzatto, 1956 -
Superdicas para comprar bem e defender seus direitos de consumidor / Luiz Antônio Rizzatto Nunes. — São Paulo : Saraiva, 2008.

ISBN 978-85-02-07580-1

1. Consumidores – Brasil 2. Consumidores – Leis e legislação 3.Consumidores – Proteção – Brasil I. Título.

08-09720 CDU-347.51:381.8 (81)

Índices para catálogo sistemático:

1. Brasil : Defesa do consumidor e responsabilidade civil 347.51: 381.8 (81)
2. Brasil : Responsabilidade civil e defesa do consumidor 347.51: 381.8 (81)

ano:	2011	2010	2009	2008
tiragem:	4	3	2	1

Editora Saraiva

Av. Marquês de São Vicente, 1697 – CEP 01139-904 – Barra Funda – São Paulo-SP
Tel.: PABX (0**11) 3613-3000 – Fax: (0**11) 3611-3308 – Televendas: (0**11) 3613-3344
Fax Vendas: (0**11) 3611-3268
Endereço Internet: www.editorasaraiva.com.br

Para Cláudia

SUMÁRIO

1. Produtos estragados e serviços malfeitos, **11**
2. Reclame na hora certa, **13**
3. Em quanto tempo consertar ou refazer?, **15**
4. O conserto não foi feito no prazo. E agora?, **17**
5. Os defeitos e os acidentes de consumo, **19**
6. O cartão de crédito, **21**
7. O sistema do cartão de crédito, **23**
8. Entenda o contrato e a fatura do cartão de crédito, **25**
9. Cuidados com o cartão de crédito, **27**
10. Evite fraudes com os cartões, **29**
11. O crediário, **31**
12. Olho vivo com descontos, promoções..., **33**
13. Saiba tudo sobre empréstimos, **35**
14. Entenda o contrato de empréstimo, **37**
15. As garantias nos empréstimos e financiamentos, **39**
16. A hipoteca, **41**
17. Você tem dívidas?, **43**
18. Quando sua casa não pode ser penhorada, **45**
19. A alienação fiduciária, **47**
20. Você é devedor com alienação fiduciária? Cuidado!, **49**
21. Você sofreu ação judicial? Veja o que fazer, **51**
22. Quite suas dívidas antecipadamente, **53**
23. Emita cheques corretamente, **55**
24. Cheques pré-datados, **57**
25. Cheque pré antes do combinado, **59**
26. O cheque especial, **61**
27. O contrato do cheque especial, **63**
28. Cheque roubado, furtado, extraviado..., **65**
29. "Devo, não nego", **67**

30. Atrasou? Olha a multa!, **69**
31. Alô, alô, responde, **71**
32. Suas compras nos supermercados, **73**
33. Carnes, aves e peixes, **75**
34. Como comprar móveis, **77**
35. Uma dica sob medida, **79**
36. Cheque o pedido na loja de móveis, **81**
37. Como lidar com a cara-de-pau, **83**
38. Está a fim de comprar roupa? Então, leia!, **85**
39. Roupas defeituosas, garantias, trocas..., **87**
40. Não suje seu nome, **89**
41. Tire seu nome do CCF, **91**
42. Cancele protesto de título, **93**
43. Nada de nome sujo na praça!, **95**
44. Evite operação casada, **97**
45. Vai vender seu veículo usado?, **99**
46. Vai comprar um veículo usado?, **101**
47. A documentação do veículo usado, **103**
48. Zero-quilômetro, **105**
49. Socorro! Roubaram meu carro no *shopping*!, **107**
50. Nas mãos dos manobristas, **109**
51. Vai estacionar, chefe?, **111**
52. Como identificar combustível adulterado, **113**
53. O atendimento médico, **115**
54. No hospital..., **117**
55. Internação hospitalar, **119**
56. Como contratar um plano de saúde, **121**
57. Cuidado ao mudar de plano de saúde, **123**
58. Contratos padronizados de planos de saúde, **125**
59. O plano de saúde e as carências, **127**
60. Outras garantias dos planos de saúde, **129**

Introdução

O Código de Defesa do Consumidor entrou em vigor em 11 de março de 1991, com muito sucesso, ou, como se diz, é "uma lei que pegou". No entanto, de lá para cá, uma parte dos empresários aprendeu métodos para burlar as regras impostas pelo Código e outra parte simplesmente não segue suas determinações, isto é, você, consumidor, continua tendo seus direitos desrespeitados.

São centenas de situações em que você pode estar sendo enganado e, sem saber, acaba comprando "gato por lebre", ou então assina contratos que não devia assinar, paga valores sem precisar, aceita imposições abusivas, sofre danos morais, além de perdas em seus bens etc.

A boa notícia é: você pode se prevenir para evitar perdas e pode tomar atitude para se ressarcir dos danos sofridos.

Você tem aqui **sessenta dicas** para comprar os mais variados produtos e serviços. Eu mostro quais **cautelas** você deve tomar para fazer boas compras, de forma segura, para evitar prejuízos, assim como indico as direções que você deve seguir para fazer **reclamações** se já sofreu algum dano ou prejuízo.

Tudo explicado numa linguagem fácil e direta. Fique tranquilo, pois não me utilizei de termos técnicos incompreensíveis (o famoso "juridiquês") e, quando eles foram necessários, expliquei seu sentido claramente. No sumário, você tem um indicador rápido para localizar a dica de interesse.

Está aí, pois, fruto de anos de pesquisa e trabalho, este meu livro feito para tornar a sua vida de consumidor mais digna nesta sociedade de consumo, o que significa dizer um consumidor mais respeitado e que faz melhores opções para compras e negócios.

Anote: este é um manual para ser consultado por você e toda sua família. Guarde-o com carinho e, antes de fazer qualquer compra, consulte-o. Se violarem seus direitos, procure-o também. Ele será seu companheiro para fazer boas compras, economizar seu "rico dinheirinho" e também lutar pela construção da cidadania.

Boa leitura e boas compras!

Professor Rizzatto Nunes

1 Produtos estragados e serviços malfeitos

Ninguém gosta de comprar produtos e depois perceber que têm defeitos ou de pagar por um serviço mal executado. Pois você tem o direito de mandar consertar os produtos estragados e refazer os serviços malfeitos.

Isso são vícios: características de qualidade ou quantidade que tornam um produto ou serviço impróprios ou inadequados ao consumo a que se destinam. Também é vício o que diminui o valor do bem. O produto é viciado até se apresentar disparidades em relação às indicações constantes na embalagem, rotulagem, oferta ou mensagem publicitária.

Os vícios são muito comuns, como um liquidificador cuja hélice não gira, uma televisão que não sintoniza os canais ou um automóvel que morre toda hora.

Há também os produtos que perdem valor por causa de um vício, como um automóvel zero-quilômetro entregue com riscos na lataria ou um terno recém-adquirido que veio manchado.

A quantidade também pode gerar vício: um saco de 5 kg de açúcar que só tem 4,8 kg, ou um caderno de 200 folhas que só tem 180. Se possível, confira a quantidade com a informação constante na embalagem.

Esses problemas são também constatáveis nos serviços prestados, como o de desentupimento, que, no dia seguinte ao serviço, faz o banheiro alagar, o de colocação do carpete que descola rapidamente, ou o de transporte de bagagem que extravia.

Os vícios podem ser aparentes ou ocultos. São aparentes quando, ao utilizar o produto ou serviço, você logo percebe um defeito. Por exemplo: uma geladeira que não gela ou um portão que desmonta por ter sido mal colocado.

Já os vícios ocultos só aparecem algum ou muito tempo após a utilização do produto ou serviço, pois não podem ser detectados logo de cara no uso diário. Um exemplo é um microcomputador que após certo tempo de uso só aponta um vício quando você instalar um *drive* opcional ou um novo programa.

Fique atento: se os produtos que adquirir e os serviços que contratar apresentarem vícios, exija seus direitos.

2

Reclame na hora certa

Quando o caso for de vício, você escolhe com quem reclamar: com o vendedor, a assistência técnica, o fabricante, o construtor, o produtor, o importador ou o prestador do serviço, o que lhe for mais conveniente. Se o fornecedor tiver central de atendimento telefônico, deve ser acionado. A assistência técnica também pode ser procurada.

Se a reclamação verbal não funcionar ou se ficar claro que o fornecedor está enrolando, isto é, ganhando tempo, então envie uma reclamação por escrito ao fornecedor, tomando protocolo na cópia, com data. Se ele se negar a dar o protocolo, você deve apresentar a reclamação por meio de Cartório de Títulos e Documentos ou enviar, pelo correio, carta registrada com aviso de recebimento (A.R.).

Se o produto ficar para conserto, peça um documento (nota de serviço, por exemplo) como prova de que entregou o produto dentro do prazo. Esse documento tem o mesmo efeito da carta protocolada ou notificação por cartório para assegurar seu direito de garantia legal.

Quando se tratar de vício encontrado em produto ou serviço "não-durável", o prazo para reclamar é de trinta dias; quando disser respeito a produto ou serviço "durável", o prazo é de noventa dias.

Os produtos ou serviços não-duráveis são aqueles que se consomem com o próprio uso ou consumo: alimentos, medicamentos, produtos descartáveis, serviços de transporte, de diversões públicas etc.

Os duráveis não se eliminam nem se consomem com o uso regular, isto é, duram no tempo, apesar do uso. São os eletrodomésticos, os automóveis, os imóveis, as roupas, os serviços de consertos em geral em automóveis, eletrodomésticos; os serviços de pintura, de desentupimento etc.

Esses mesmos prazos têm início ao término do tempo de garantia, quando esta é oferecida. Se não há nenhuma garantia, o prazo para reclamar corre da data da compra ou da entrega do produto ou serviço (o que vier depois).

Fique de olho para reclamar na hora certa e não perder seu direito.

3 Em quanto tempo consertar ou refazer?

Os fornecedores têm trinta dias para resolver o problema (vício) existente nos produtos ou para refazer um serviço malfeito. Mas há exceções.

Quando deixar um produto para conserto, peça um recibo datado de sua entrega. Se for pedir assistência técnica pelo telefone (por exemplo, para o conserto de uma geladeira ou uma tevê), e a visita for marcada para muitos dias depois ou falhar, envie uma carta registrada com recibo de devolução (A.R.) informando o problema e avisando que o prazo para o conserto iniciou-se na data da reclamação. Se ainda assim não resolver, faça uma reclamação num órgão de defesa do consumidor.

São duas as hipóteses em que o fornecedor não tem os trinta dias para efetuar o conserto. A primeira, quando a simples substituição da(s) parte(s) viciada(s) puder comprometer a qualidade do produto ou suas características ou, ainda, diminuir seu valor.

A segunda, quando se tratar de produto essencial, tais como os gêneros alimentícios e medicamentos.

Além dessas duas hipóteses, também não há prazo para resolução do problema no vício de quantidade do produto, por exemplo, quando um saco de feijão de 5 kg contiver apenas 4 ou os rolos de papel higiênico de um pacote tiverem 28 metros em vez de 30.

Já em relação aos serviços, o fornecedor não tem prazo para resolver o problema. O consumidor pode exigir imediatamente a re-execução dos serviços, quando possível e sem ter de pagar qualquer valor adicional. Pode também desistir do refazimento do serviço e pedir de volta a importância paga. E, se preferir, pode exigir abatimento proporcional do preço pago.

Se você receber prestação de serviços viciados, tais como serviço de desentupimento, dedetização, pintura, serviço de conserto de veículos, serviços bancários, de cartão de crédito, de seguro, serviços escolares, dentre outros, mande uma carta registrada com A. R. exigindo uma das alternativas acima. Se não der certo, procure um órgão de defesa do consumidor.

4

O conserto não foi feito no prazo. E agora?

O prazo de trinta dias para o conserto é longo. Porém, se o fornecedor ultrapassar esse tempo sem ter dado solução para o problema, você tem o direito de exigir qualquer uma dessas três alternativas: troca do produto por outro, devolução do valor pago ou desconto.

Troca: Você pode exigir a substituição do produto por outro da mesma espécie, marca e modelo. O produto a ser entregue em troca tem de ser novo e estar em perfeito estado de funcionamento.

Se resolver trocar o produto por outro da mesma espécie, marca e modelo e o fornecedor não tiver outro produto igual, você pode, então, aceitar outro de espécie, marca e modelo diferentes, de maior preço, pagando a diferença. Por exemplo: o produto avariado devolvido valia R$ 200,00; o produto novo diferente custa R$ 230,00. Você paga R$ 30,00 e leva o novo, diferente.

É seu direito também aceitar outro produto de espécie, marca e modelo diferentes, de menor preço, mas, nesse caso, você recebe a diferença. No mesmo exemplo do produto devolvido de R$ 200,00, com o novo custando R$ 180,00, você leva o novo e mais um troco de R$ 20,00.

Devolução do valor pago: Se não quiser fazer a troca, exija a restituição da quantia que pagou pelo produto, em valores corrigidos monetariamente. Se nesse período que ficou sem o produto você sofreu algum outro prejuízo, também pode pedir seu ressarcimento.

Desconto: E, caso queira, poderá ainda exigir o abatimento proporcional do preço, tendo em vista a extensão do vício do produto. Esse abatimento, na prática, pode funcionar como um desconto ou corresponder à perda efetiva do preço da revenda, quando existe o mercado de revenda. Por exemplo, no caso de automóveis, o vício pode ser um risco na lataria, não consertado no prazo. É possível calcular qual seria a perda de preço no caso de revenda ou quanto custará para pintar o carro.

Lembre-se: em caso de vício não corrigido no prazo, exija a troca do produto, a devolução do valor pago ou um desconto. O que não pode é você ficar no prejuízo.

5

Os defeitos e os acidentes de consumo

Defeito é o nome comum utilizado pelas pessoas para qualquer tipo de problema, mas o Código de Defesa do Consumidor faz distinção entre vício e defeito.

Vício é o problema que atinge intrinsecamente o produto ou serviço, que os faz perder seu valor ou deixar total ou parcialmente de funcionar, mas sem gerar nenhum outro problema ou dano além do já existente no próprio produto ou serviço.

O defeito, por sua vez, pressupõe vício. Há vício sem defeito, mas não há defeito sem vício. O vício é uma característica inerente, intrínseca do produto ou serviço em si. O defeito é o vício acrescido de um problema extra, alguma coisa extrínseca ao produto ou ao serviço, que causa um dano maior do que simplesmente o mau funcionamento ou o não funcionamento.

Logo, o defeito tem ligação com o vício, mas, em termos de dano causado ao consumidor, ele é mais devastador. Por isso, somente se fala propriamente em acidente de consumo na hipótese de defeito.

Veja este exemplo: um automóvel com problema de freio, mas que não sai da garagem, tem mero vício, que pode ser consertado facilmente. O mesmo carro, se for à rua e, por causa do freio ruim, bater num poste, gerando danos ao veículo e ao condutor, é caso de defeito.

Todos os fornecedores são responsáveis solidários pelos vícios, de tal forma que o consumidor poderá escolher e acionar diretamente qualquer um dos envolvidos exigindo seus direitos, isto é, o comerciante e/ou o distribuidor e/ou o fabricante e/ou o produtor e/ou o importador.

Já em caso de defeito, o responsável é apenas o fabricante, o produtor, o construtor ou o importador, assim como o prestador do serviço direto. O comerciante é também responsável quando vende produto sem identificação, quando o produto vendido não puder ser identificado (por exemplo, produto a granel) e quando o produto não for conservado adequadamente.

Consciente da diferença entre vício e defeito, você saberá para quem reclamar.

6

O cartão de crédito

O cartão de crédito talvez seja o exemplo mais representativo da evolução do mercado de consumo. A tendência do mercado é mesmo o uso cada vez maior do cartão. O pagamento em moeda corrente e mesmo por meio de cheque (que, no Brasil, é ainda muitíssimo utilizado) será aos poucos substituído pelo chamado "dinheiro de plástico". E isso devido a uma série de facilidades que ele oferece.

O cartão poupa o consumidor das complicadas tarefas de assinar contratos para obtenção do crédito; das idas e vindas aos bancos; permite a compra sem dinheiro, enquanto este está em alguma aplicação financeira; colabora com o controle do orçamento doméstico, uma vez que o extrato aponta todas as compras feitas; além de uma série de outros benefícios e serviços oferecidos pelas administradoras (seguros automáticos, saque de dinheiro – *cash* – etc.).

Tudo isso, é claro, aliado à enorme facilidade que é ter no bolso apenas um pequeno documento de plástico, substituindo papel-moeda e talões de cheque.

Cuidado com as taxas de juros

É verdade que no Brasil essas vantagens todas ainda não estão implementadas, principalmente porque fazer financiamento das compras pagas com o cartão de crédito torna o preço do produto ou serviço utilizado muito caro em função das altas taxas de juros cobradas. Por isso, dou este conselho: utilize o cartão de crédito como um cartão de compra e efetue a liquidação do total da fatura no vencimento.

Se você tiver mesmo de fazer financiamento de alguma compra, examine se vale a pena usar o cartão. Antes da compra, descubra a taxa de juros. Você poderá encontrar taxas mais baratas para empréstimos pessoais ou outra modalidade de financiamento.

7

O sistema do cartão de crédito

No sistema do cartão de crédito, são quatro os participantes envolvidos: o usuário do cartão (o consumidor), a administradora do cartão de crédito (administradora ou banco) e, além desses, o outro fornecedor, do qual o consumidor adquire o produto ou o serviço diretamente (a loja de roupas, o restaurante, a livraria etc.), e o financiador, que dá suporte financeiro para as operações realizadas (ou o próprio banco, quando ele é o administrador).

Para utilizar direito seu cartão de crédito, entenda o funcionamento do sistema. O consumidor faz compras nos estabelecimentos e paga com cartão. No vencimento da fatura, ele pode pagar tudo o que gastou nas compras ou financiar parte ou o total da quantia gasta; esses valores e limites são informados no extrato mensal.

Já o fornecedor que vendeu o produto ou fez o serviço, de posse do boleto de venda, envia-o à administradora ou, pelo sistema de máquinas *on-line*, passa a informação no ato da compra. A administradora, depois de certo tempo, pagará a ele o valor da compra e cobrará uma taxa por esse serviço.

A administradora, de posse dos boletos ou informações *on-line*, faz lançamentos nas contas dos cartões dos respectivos consumidores. Estes, por sua vez, pagam a fatura na data marcada, mas, como nem sempre as datas dos pagamentos feitos pelos milhões de consumidores coincidem com as datas dos pagamentos das administradoras para os fornecedores de produtos e serviços, elas são obrigadas a tomar dinheiro emprestado no mercado (de bancos e financeiras) ou usar o seu próprio capital para cobrir tais pagamentos. O mesmo acontece quando o consumidor financia o total ou parte do valor de suas compras.

O que a administradora ganha com isso? As administradoras ou bancos têm uma boa receita com as taxas cobradas dos consumidores (anuidades, semestralidades etc.) e dos fornecedores.

Sabendo como funciona o sistema, você terá mais argumentos para negociar taxas e se programar para pagar o total da fatura no vencimento.

8

Entenda o contrato e a fatura do cartão de crédito

O contrato feito com a administradora é de adesão, pré-impresso. Então, toda vez que você assinar uma proposta para ter um cartão de crédito, ao receber o cartão tem de receber junto uma cópia desse contrato.

Leia-o com atenção, pois nele devem constar, de forma clara e precisa, o limite de crédito de seu cartão, a data do vencimento e os locais de pagamento das faturas. O contrato também precisa deixar claro quais as taxas de juros reais mensais e anuais a serem pagas em caso de financiamento, assim como os acréscimos que, eventualmente, a lei permite cobrar (IOF, seguros etc.) sobre o financiamento.

Além disso, o contrato tem de informar a taxa de juros de mora, isto é, a taxa que será cobrada em caso de atraso no pagamento — normalmente ela é de 1% ao mês —, e a multa, que não pode ser superior a 2%.

É preciso também que o contrato descreva o que acontece com o cartão e seu uso em caso de atraso no pagamento, quanto será cobrado de anuidade/trimestralidade/semestralidade (taxas de serviço) e quando serão os vencimentos.

O limite de uso do cartão, as taxas de juros e os acréscimos legais podem sofrer variações, mas sempre têm de ser informadas previamente, o que pode se dar na própria fatura mensal.

E, por fim, note que na fatura deve haver o local e os valores das compras feitas, os prêmios de seguros mensais (se existirem) e todos os casos de pagamento autorizados para débito no cartão.

Deve também constar o total a ser pago à vista, parcelado e o valor que pode ser financiado, as taxas de juros reais mensais e anuais a serem pagas em caso de financiamento para aquele período (mês), a data do vencimento, o limite de crédito do cartão e os acréscimos legais que incidirão sobre o financiamento.

Essas são as informações mínimas. Ciente delas, você poderá usufruir melhor dos benefícios do seu cartão e não ser pego desprevenido por taxas inesperadas.

9

Cuidados com o cartão de crédito

Marque a data de vencimento, agendando-a mensalmente. Como a fatura é entregue pelo correio, se você não a receber até um dia antes do vencimento, entre em contato com o serviço de atendimento de sua administradora, avise que não recebeu a fatura e pergunte como pagar (geralmente com documento avulso no banco ou via internet). Peça também para lhe enviarem uma segunda via para seu arquivo e controle.

Assim que receber a fatura, confira os lançamentos. Não são incomuns lançamentos errôneos, além de casos com fraude. Nesse caso, entre em contato com a administradora e a avise.

Em caso de lançamento indevido, a administradora deve autorizar o pagamento do valor correto e averiguar o lançamento errado. Se ela não fizer isso, procure imediatamente um serviço de proteção ao consumidor ou um advogado de confiança. Faça o mesmo se o erro não for retirado de sua conta e voltar a aparecer na fatura seguinte; ou, ainda, se você receber algum tipo de cobrança pelo lançamento indevido.

Mesmo com autorização para pagar o valor correto, após fazê-lo, remeta à administradora uma carta com A.R. (Aviso de Recebimento), apontando o erro e afirmando que, seguindo orientação dela própria, fez o pagamento apenas do valor devido.

Se o cartão se extraviar ou for roubado/furtado[1], comunique a administradora assim que você se der conta do fato e anote as informações e/ou a senha que forem passadas. Por cautela, mande uma carta com A.R. confirmando o extravio, furto ou roubo e reafirmando o que já foi transmitido por telefone. Faça também um boletim de ocorrência na delegacia do bairro e guarde uma cópia.

Se você tiver qualquer tipo de problema com um cartão extraviado, furtado ou roubado, procure imediatamente um órgão de defesa do consumidor ou um advogado de confiança.

Já diz o ditado: o seguro morreu de velho.

---

1 Roubo é a subtração da coisa alheia mediante grave ameaça ou uso de violência (arma, agressão etc.); furto é a subtração da coisa alheia sem uso de violência. Por exemplo, de um carro estacionado aberto, com a chave dentro, sem o dono por perto.

10

Evite fraudes com os cartões

Em caso de roubo, furto ou perda (veja a dica anterior), comunique imediatamente a administradora do cartão de crédito por telefone e, logo a seguir, reforce a comunicação por escrito, requerendo protocolo de recebimento na cópia da carta. No caso de cartão de débito, faça o mesmo em relação ao banco.

Adquira o hábito de sempre verificar se o cartão está com você. É comum perdê-lo e não perceber, esquecê-lo no local do último pagamento ou ser furtado e não se dar conta disso.

No boleto preenchido à mão em maquinetas manuais, usadas de reserva, confira o valor e anule espaços em branco antes de assinar. Guarde a cópia. Retire o carbono, leve-o consigo e jogue-o fora. Se mais de um boleto for passado no seu cartão, exija o que não foi utilizado, leve-o consigo, rasgue-o e jogue-o fora também.

Fique atento ao preenchimento dos valores no boleto ou nas máquinas automáticas. É muito mais seguro quando tudo é feito na sua frente. Nas máquinas automáticas, cheque se está saindo um recibo só. Tanto na manual quanto na automática, você tem de assinar uma só vez. O recibo é único.

Quanto ao cartão de débito, não dê sua senha a ninguém, muito menos a tenha escrita com você. Saiba-a de cor.

Confira o extrato do cartão de crédito com os recibos que você guardou. Fraudes e lançamentos errados, especialmente num mês com muito gasto, não costumam ser notados. Havendo lançamento de compra que você não efetuou, avise a administradora e exija uma investigação imediata.

Se perceber que não serão tomadas providências, procure imediatamente um órgão de defesa do consumidor ou um advogado de confiança. As administradoras oferecem seguro contra perda, furto ou roubo do cartão. Embora juridicamente a administradora seja responsável pelo uso indevido do cartão por terceiros — pois seu parceiro tem de checar com o portador do cartão se ele é o titular —, como os prêmios (mensalidades) cobrados pelo seguro são de pequeno valor, vale a pena tê-lo, uma vez que diminui o transtorno em caso de perda ou roubo.

11

O crediário

O crediário é muito utilizado no comércio. Mas, se você resolver comprar algo desse modo, seja cauteloso.

O maior problema está relacionado ao quanto de juros se paga. Os vendedores sabem que o consumidor precisará fazer o crediário e sabem também que ele não faz o cálculo do custo total do preço, mas apenas verifica se o salário será suficiente para pagar a prestação mensal.

Daí, alguns desses comerciantes colocam o preço à vista mais alto que os normalmente praticados no mercado. Logo, o preço inicial já fica mais caro. Além disso, embutem os juros em prestações de longo prazo. Atualmente há crediários de 12, 24, 36 meses ou mais.

Eles se utilizam também de outras artimanhas, tal como a publicidade enganosa. Às vezes, o anúncio diz que ficou mais barato comprar porque a taxa de juros foi reduzida (por exemplo, de 5 para 4%), e o prazo para pagamento foi esticado (digamos, de 12 para 24 meses). É um engodo: ao invés de pagar menos, você pagará mais, pois o total de juros será enorme. É verdade que a prestação é menor, mas lembre-se de que você pagará um montante muito maior a título de juros.

Por isso, anote: não existe fórmula mais barata do que pagar à vista. Crie o hábito de juntar dinheiro para depois pagar à vista. Você não gasta com juros e ainda pode obter bons descontos, fazendo pesquisa de preços no mercado.

Aplicando na poupança ou em outro investimento seguro, na pior das hipóteses você tem uma renda mensal aproximada aos índices inflacionários, além de pequena taxa de juros. Claro que, se você necessita do produto e somente pode pagar a prazo, fica sem alternativa. Porém, ainda assim, calcule quanto está pagando. Descubra o menor preço do mercado. Multiplique o valor da prestação pelo número de meses. Desse total, subtraia o preço à vista (se ele for igual ao total é porque, mesmo à vista, já há juros!). O resultado é quanto você pagará de juros, ou seja, dinheiro jogado fora. Daí decida se vale a pena fazer o negócio.

12

Olho vivo com descontos, promoções...

Não compre "desconto". Preocupe-se com o preço final do produto. Há comerciantes que fazem ofertas muito vantajosas, mas que são enganosas. Existem lojas que nunca anunciam o preço à vista. Você não consegue descobrir quanto custa, porque está sempre anotado: "com desconto". Essas ofertas estão tanto nas vitrines como nos anúncios de revistas, jornais, internet e malas diretas.

Algumas lojas fazem "promoções" o tempo todo; outras estão sempre em "liquidação". Algumas usam essa "técnica" de vendas o ano inteiro! Não confie cegamente nisso. Ora, se a promoção é permanente, então, na verdade, ela é falsa: é tática enganosa para atrair o consumidor pelo desconto e não pelo preço.

O percentual de desconto não significa nada. Dez, vinte, trinta, cinquenta por cento são apenas atraentes aos olhos. O que vale é quanto custa o produto realmente após o desconto, isto é, quanto você irá desembolsar.

Não se deixe levar: faça o cálculo do preço à vista, abatendo o valor correspondente ao desconto. Depois de obtê-lo, pesquise em outras lojas e veja se está mais barato mesmo.

E as enganações não param por aí. Por exemplo, os anúncios que dizem: "Pague à vista com 20% de desconto ou em 3 vezes sem acréscimo". Ora, se à vista tem desconto, quando você compra em três prestações, o valor do desconto está incluído. Logo, tem acréscimo, sim.

Se for pagar com cartão de crédito, saiba que o preço à vista e no cartão tem de ser o mesmo. A loja não pode aumentar o preço para pagamento com cartão de crédito.

O cartão de débito é prático, mas não se esqueça de que o dinheiro sai diretamente de sua conta. Por isso, mantenha controle do saldo que você deve ter para pagar os cheques pré-datados emitidos, os débitos em conta que foram autorizados etc. Não é incomum acontecer de o comprador pagar com cartão de débito e depois ficar sem saldo para honrar cheques pré-datados.

Olho vivo garante mais dinheiro no bolso.

13

Saiba tudo sobre empréstimos

Tanto empréstimo quanto financiamento estão ligados à ideia de crédito. Este, como regra geral, pode dizer respeito a uma compra (por exemplo, o consumidor adquire um terno e a loja dá um prazo para ele pagar) ou a um empréstimo.

O empréstimo pessoal é a entrega de certa quantia em dinheiro com a concessão de prazo para que esse dinheiro seja devolvido. A devolução do montante é feita acrescida dos juros do empréstimo e pode se dar de uma só vez (um único pagamento) ou em parcelas. Estas podem ser mensais, bimestrais, semestrais etc.

O financiamento, por sua vez, é uma espécie de crédito no qual um terceiro paga ao vendedor o produto ou o serviço adquirido pelo consumidor. Por exemplo: na compra de um automóvel, o vendedor recebe o preço, e o consumidor passa a dever para o financiador.

Também nesse caso, o consumidor devolve ao financiador o preço acrescido dos juros do financiamento. A devolução, do mesmo modo, pode ser feita de uma só vez ou em parcelas.

Juros remuneratórios são o rendimento pago pelo tomador (consumidor) ao emprestador (banco, financeira etc.). Eles são calculados na forma de percentuais estimados sobre o valor emprestado e conforme a duração do empréstimo.

O preço do empréstimo, portanto, corresponde à quantia de juros paga. É preciso fazer muito bem os cálculos para ver se vale a pena pedir empréstimos e fazer financiamentos, por causa das altas taxas de juros cobradas.

Claro que, se você necessitar fazer o empréstimo, fica sem alternativa. Porém, se o empréstimo puder ser evitado e a compra, adiada, para que seja feita à vista, esse é o ideal, porque não existe meio mais barato do que pagar à vista.

Se analisar bem as condições antes de fazer um empréstimo ou entrar em um financiamento, colocando os juros na ponta do lápis, certamente você terá mais condições de tomar uma decisão mais prudente.

14

Entenda o contrato de empréstimo

Você tem o direito de ser informado previamente e de maneira adequada quando pedir um empréstimo ou fizer um financiamento. Você deve receber o contrato já impresso. O ideal é levar uma cópia para casa e lê-la com calma. Atualmente, o gerente do banco pode mandar o contrato via internet.

Se você estiver comprando alguma coisa, no contrato devem constar seu preço em moeda corrente nacional, a taxa real de juros mensal e anual, bem como o número de prestações e sua periodicidade (mensal, bimestral, semestral etc.). O contrato tem de indicar a soma do total a ser pago, em reais, com e sem financiamento.

Se for caso de correção monetária, o que se dá na hipótese de empréstimo/financiamento com taxas "pós-fixadas", o contrato deve informar o índice incidente nas prestações.

Confira se estão escritos o local do pagamento e sua forma (carnê, boleto, aviso bancário etc.), assim como a(s) data(s) do(s) pagamento(s) e outros acréscimos que, eventualmente, a lei autorize a cobrar, tais como IOF e seguros.

Por fim, o contrato precisa mencionar a taxa dos juros de mora, isto é, a taxa cobrada em caso de atraso no pagamento — normalmente ela é de 1% ao mês —, e a multa a ser cobrada em caso de atraso, que não pode ser superior a 2%.

Depois de assinado o contrato, você também tem o direito de receber cópia dele contendo todos esses dados.

Como sempre, guarde toda a documentação relativa ao empréstimo: cópia do contrato, recibos, boletos e avisos de pagamento, extrato de conta com lançamento do débito automático etc.

Consciente do que deve constar em um contrato de empréstimo ou financiamento, você poderá exigir que ele seja redigido de modo a garantir seus direitos.

15

As garantias nos empréstimos e financiamentos

O aval é a garantia pessoal que uma pessoa dá àquele que solicitou o empréstimo ou o financiamento. Essa pessoa chama-se avalista. O aval é concedido com a assinatura no título de crédito: nota promissória, duplicata, letra de câmbio etc.

O que se garante é o valor estampado no título. Se o devedor principal (isto é, aquele que tomou o empréstimo ou fez o financiamento) não pagar a dívida, o avalista pode ser acionado pelo credor.

A fiança é também uma modalidade de garantia oferecida por pessoa alheia ao empréstimo. Essa pessoa é o fiador. A fiança é concedida com a assinatura do fiador no contrato de empréstimo ou financiamento.

Pode ser concedida também por meio de documento separado: a carta de fiança. Nela, tem de ser feita uma referência expressa ao contrato de empréstimo/financiamento, com a descrição de suas características.

A garantia dada pelo fiador no contrato pode ser limitada em termos de valores, de tempo e de ordem de cobrança, isto é, o fiador pode dar sua garantia até determinado valor, por certo período de tempo e dizer que só poderá ser cobrado após terem se esgotado as tentativas de cobrança junto ao devedor principal.

Justamente para evitar as limitações possíveis no caso da fiança, os credores costumam inserir uma cláusula no contrato, segundo a qual o fiador passa a responder pela totalidade da dívida, pelo tempo em que o contrato durar e até que a dívida seja paga, e com renúncia ao benefício de ordem: o credor pode cobrar o fiador, independentemente de ter ou não cobrado antes o devedor principal.

A fiança, assim, pode ser estendida ao montante total da dívida com todos os seus acréscimos: principal do empréstimo tomado, juros e correção monetária, juros de mora e multa contratual pelo atraso.

Um último detalhe: quando o fiador for casado, a fiança, para ser utilizada sem risco, depende de assinatura do cônjuge. Se este não assinar, no caso de cobrança da dívida junto ao fiador, a fiança pode ser anulada.

16

A hipoteca

A hipoteca é a garantia conferida ao empréstimo/financiamento, por meio da vinculação do negócio a um imóvel. É a chamada garantia real sobre o imóvel. Ela é sempre utilizada no financiamento da compra de um imóvel, quer seja pelo SFH (Sistema Financeiro de Habitação), quer seja por qualquer outra carteira de empréstimos que as instituições financeiras ofereçam (pode também ser firmada entre particulares).

A hipoteca pode ser feita pelo próprio consumidor, tomador do empréstimo/financiamento, como sempre ocorre no financiamento de compra de imóvel, ou por terceira pessoa que entre na operação de empréstimo/financiamento apenas para dar seu imóvel como garantia.

Para ter validade, a hipoteca tem de ser firmada em escritura pública passada em tabelionato (em caso de financiamento do SFH, a escritura é dispensada, valendo o contrato particular) e ser registrada no Cartório de Registro de Imóveis (CRI). O registro no CRI é obrigatório para qualquer tipo de hipoteca (SFH ou não).

Se o garantidor-hipotecário, isto é, o proprietário do imóvel, for casado, a escritura (ou contrato – SFH) de concessão da hipoteca tem de ser assinada também pelo cônjuge.

Na escritura (ou contrato) de hipoteca devem constar todos os elementos do contrato de empréstimo/financiamento (veja a dica 14).

A hipoteca, como se diz, é um ônus que recai sobre o imóvel. É um ônus real. Se o imóvel for vendido para outra pessoa, esta o recebe com o ônus. Assim, se a hipoteca ainda não tiver sido quitada, ainda poderá ser executada e levada a leilão judicial, mesmo que o imóvel já tenha novo dono.

Por isso, quem compra imóvel com hipoteca deve descontar do preço o valor atualizado da dívida, além da tomada de outras cautelas. Para fazer isso, um advogado de confiança deve sempre ser consultado.

17

Você tem dívidas?

Quando você não paga o que deve, corre o risco de ter seus bens penhorados. A penhora é a apreensão judicial de um bem, feita por ordem do juiz. Esse bem apreendido poderá ser levado a leilão, e o valor pago pelo arrematante-comprador será entregue ao credor da dívida até o montante de seu crédito. Com isso, o devedor acaba perdendo o bem.

O avalista e o fiador podem ter seus bens penhorados e levados a leilão judicial para o pagamento da dívida do devedor principal. O avalista ou fiador podem evitar a penhora de seus bens pagando a dívida, após o que podem tentar se ressarcir dos prejuízos cobrando o devedor principal. Poderão também, em sua ação judicial, penhorar os bens do devedor principal e levá-los a leilão judicial.

Existe uma proibição legal à penhora do chamado "bem de família": o único imóvel em que o devedor reside. É a chamada impenhorabilidade do bem de família.

Mas não se fie nisso, porque há exceções em que a penhora poderá ser feita mesmo no único imóvel residencial, ou seja, você pode até perder a sua casa! Isso é possível se o processo for movido em razão dos créditos de funcionários que trabalhem na sua residência e das respectivas contribuições previdenciárias ou pelo titular do crédito decorrente do financiamento destinado à construção ou à aquisição do imóvel, no limite dos créditos e acréscimos constituídos em função do respectivo contrato.

Seu lar doce lar também pode ser penhorado pelo credor de pensão alimentícia e para a cobrança de impostos, predial ou territorial, e de taxas e contribuições devidas em função do imóvel familiar. Pode, ainda, ser penhorado se foi dado em hipoteca e por obrigação decorrente de fiança concedida em contrato de locação.

E, por fim, um imóvel residencial também pode ser penhorado se foi adquirido com produto de crime ou para execução de sentença penal condenatória a ressarcimento, indenização ou perdimento de bens.

Então, se você tem dívidas, cuidado!

18

Quando sua casa não pode ser penhorada

O imóvel residencial próprio de um casal ou da família não pode ser penhorado em uma ação judicial para cobrança de dívidas contraídas pelos cônjuges ou pelos pais ou filhos que sejam os proprietários desse imóvel e nele residam. É o que se chama de a impenhorabilidade do "bem de família" (veja a dica anterior).

A impenhorabilidade abrange o imóvel sobre o qual está a construção, as plantações, as benfeitorias de qualquer natureza, os equipamentos, inclusive os de uso profissional, e os móveis que guarnecem a residência, desde que já estejam totalmente quitados.

Para fins de impenhorabilidade, é considerada residência um único imóvel utilizado pelo casal ou pela família para moradia permanente. Se forem donos de mais de um imóvel e ambos forem utilizados como residências, a impenhorabilidade recairá sobre o de menor valor.

Quando a residência familiar for um imóvel rural, a impenhorabilidade estará restrita à sede da moradia com os respectivos bens móveis que a mobíliam e, também, à área limitada como pequena propriedade rural.

Todavia, a impenhorabilidade não atinge alguns bens, tais como os veículos de transporte em geral (carros, motos etc.), as obras de arte e os adornos suntuosos de alto valor.

Quando se trata de residência alugada, a impenhorabilidade recai sobre os bens móveis quitados que pertençam ao inquilino e que ocupam a residência.

A impenhorabilidade é válida em qualquer processo de execução civil, fiscal, previdenciária, trabalhista ou de outra natureza, mas não vale em algumas exceções (veja a dica 14).

Porém, se você tiver um bem penhorado pela Justiça, procure imediatamente um advogado para fazer a defesa judicialmente. O prazo é muito curto: apenas dez dias.

19

A alienação fiduciária

A alienação fiduciária é um dos tipos de garantia mais utilizados nos financiamentos de veículos, na venda de eletrodomésticos, microcomputadores etc. e também por consórcios.

Ela tem de ser feita por contrato escrito, no qual, dentre os demais dados regulares (nomes das partes, endereços etc.), devem constar o total da dívida ou sua estimativa, o local do pagamento e sua forma (carnê, boleto, aviso bancário etc.) e a(s) data(s) do(s) pagamento(s).

Verifique se no contrato há também a taxa real de juros mensal e anual, o índice de correção monetária e, quando se tratar de taxa "pós-fixada", a soma do total em reais a ser pago com e sem o financiamento, além de outros acréscimos que, eventualmente, a lei autorize a cobrar, tais como IOF e seguros.

O contrato deve informar também a taxa dos juros de mora, isto é, a taxa cobrada em caso de atraso no pagamento — normalmente de 1% ao mês —, e a multa a ser cobrada em caso de atraso, que não pode ser superior a 2%.

No contrato deve, ainda, estar descrito o objeto da alienação fiduciária, com os elementos indispensáveis à sua identificação. Por exemplo: no caso de automóveis, o tipo, modelo, marca, cor, ano de fabricação, número do chassi, número da placa e estado de conservação, assim como seu preço.

Para ter validade perante terceiros, o contrato deve ser registrado no Cartório de Títulos e Documentos. No caso de veículo, deve ser feita a anotação no Certificado de Propriedade expedido pelos Detrans. É daí que decorre a expressão "veículo alienado".

Atenção: quando ainda está alienado, o veículo não pode ser vendido. É preciso quitar a dívida e liberá-lo para poder vendê-lo. É que a alienação fiduciária funciona como se a propriedade fosse do credor e ao final dos pagamentos passasse ao comprador-financiado.

20

Você é devedor com alienação fiduciária? Cuidado!

A inadimplência em caso de alienação fiduciária tem tratamento específico: se você não pagar a dívida, o credor poderá, amigável ou judicialmente, retomar o bem e vendê-lo, pois está proibido de ficar com ele para si. Tem de vendê-lo a terceiros, utilizando o valor obtido na venda para o pagamento da dívida, incluindo eventuais despesas de cobrança.

Assim, com o produto da venda, o credor quitará a dívida. Se houver sobra, isto é, se o valor apurado com a venda for maior que o montante da dívida, devolverá esse saldo ao consumidor-devedor. Mas, se arrecadar menos que o valor da dívida, poderá cobrar o valor faltante.

Assim, se você tiver de fazer a devolução do bem, tome os seguintes cuidados: antes de mais nada, negocie a devolução no ato da quitação da dívida ou, então, devolva o bem assim que o credor pagar a você certa importância se a diferença for favorável a você (por exemplo: seu automóvel vale R$ 20.000,00 no mercado, e a dívida é de R$ 10.000,00).

Você também pode encontrar uma terceira pessoa que compre o veículo e pague a dívida, operação da qual deve participar o credor.

A devolução do bem deve ser feita mediante termo de entrega, no qual conste a condição negociada, e você deve receber uma cópia desse termo assinada pelo credor.

De todo modo, saiba que, em caso de inadimplência, para ingressar com uma ação de busca e apreensão do bem, antes o credor tem de protestar o título que garante a dívida (geralmente uma nota promissória) ou enviar uma carta por intermédio de Cartório de Registro de Títulos e Documentos. Portanto, você tem a chance — e o direito — de saber que poderá sofrer a ação judicial e, assim, tentar negociar uma solução amigável.

Caso não haja acordo e a ação ocorra, nela o juiz poderá determinar liminarmente a apreensão do bem, que será entregue ao credor. Se você já tiver pago pelo menos 40% do valor da dívida, pode, então, requerer a purgação da mora, isto é, o direito de pagar a dívida e ficar com o bem.

21

Você sofreu ação judicial? Veja o que fazer

Se você sofrer uma ação de busca e apreensão de um bem, procure um advogado de confiança. Contudo, anote: mesmo depois de apreendido judicialmente o bem, você pode e deve, sozinho ou com a ajuda de seu advogado, tentar negociar a dívida.

Normalmente, o credor tem muito mais interesse em receber dinheiro, ainda que parceladamente, do que ficar com o bem e vendê-lo, pois essa hipótese é bastante custosa (envolve guarda em depósitos, cuidados com o bem etc.). Além disso, na venda do bem, ele nem sempre obtém o preço que você poderia garantir na negociação.

Lembre-se de que, até a quitação da dívida, a propriedade do bem não é sua. Por isso, se na ação de busca e apreensão o bem não for entregue ou encontrado, o credor poderá transformá-la em ação de depósito.

Cuidado: numa ação de depósito, o devedor é obrigado a entregar o bem. Se não fizer isso, o juiz poderá decretar a prisão civil do devedor.

Embora uma parte dos juristas entenda essa prisão como ilegal e inconstitucional — porque a alienação fiduciária, ainda que a lei o diga, não tem as características do contrato de depósito (no qual alguém é depositário do bem do outro) —, o Poder Judiciário tem decretado a prisão do devedor nesses casos. Então, não vale a pena arriscar.

De qualquer forma, repito: a presença do advogado é indispensável para o aconselhamento adequado em relação à situação concreta.

Como a alienação fiduciária impede a venda do bem a outra pessoa, uma vez quitada a dívida o credor deve providenciar o termo de liberação da garantia.

No caso de veículos, o termo de liberação deve ser levado à repartição de trânsito para que novo certificado seja emitido sem a anotação da "alienação". E, como sempre, guarde toda a documentação relativa à transação.

22

Quite suas dívidas antecipadamente

Não se iluda: os juros podem cair, porém, o prazo para pagamento geralmente aumenta. Com isso, o benefício da queda da taxa é anulado pelo alongamento do prazo.

Assim, vale a pena evitar contratos de empréstimo ou financiamento com altas taxas de juros e de prazo longo. Mas, se você já fez uma dívida, saiba que às vezes é vantajoso quitá-la antes do final programado: se você já tiver o dinheiro para pagá-la integralmente e ele está disponível, isto é, não faz parte de nenhuma reserva para fins de urgência nem se destina a um negócio melhor, e se você assinou o contrato há algum tempo mas agora percebeu que as taxas atuais do mercado são muito menores do que as praticadas quando da assinatura.

Não se esqueça: seu dinheiro aplicado rende muito menos do que os juros que você está pagando.

Assim, se decidir quitar seu débito, você tem o direito de pagá-lo antecipadamente. O fornecedor é obrigado a recalcular o valor da dívida no dia em que você quiser quitá-la, descontando os juros embutidos nas prestações futuras que ainda não venceram.

Se você não tiver dinheiro para quitar toda a dívida, pode fazer o pagamento parcial, devendo o fornecedor efetuar o mesmo desconto relativo ao valor que será pago parcialmente.

Para saber o valor que você tem de pagar sem os juros embutidos, peça verbalmente para o agente financeiro fazer o cálculo. Se ele se negar ou enrolar, envie uma carta com recibo do correio (A.R.) ou notificação por Cartório de Títulos e Documentos.

Se, após o prazo concedido na carta/notificação, ainda persistir a negativa do agente financeiro, procure um órgão de defesa do consumidor ou um advogado de sua confiança.

Se o cálculo for feito, mas você ainda tiver dúvida sobre o valor, antes de efetuar o pagamento procure um órgão de defesa do consumidor, com os valores nas mãos.

Por incrível que pareça, ainda que você tenha dinheiro e queira pagar toda a sua dívida, isso pode ser dificultado pelo credor, porque, para ele, às vezes é mais lucrativo receber juros. Olho vivo!

23 Emita cheques corretamente

Evite problemas sabendo diferenciar os tipos de cheque para emiti-los corretamente.

Assim, nunca deixe de anotar a data, o valor, o nome da pessoa beneficiária do cheque e o telefone dela. Se o cheque for pré-datado, anote também a data futura.

O cheque emitido ao portador, como o nome diz, é aquele em que não se escreve o nome do beneficiário. Nesse caso, qualquer pessoa poderá apresentá-lo ao banco para sacá-lo ou depositá-lo.

Já o cheque nominal é o emitido com o nome da pessoa beneficiária, que pode sacá-lo ou depositá-lo. Se ela quiser passar o cheque adiante terá que fazer o endosso, isto é, fazer a assinatura dela atrás do cheque.

O cheque cruzado é aquele em que se colocam dois traços paralelos em diagonal. Esse símbolo indica que o cheque pode ser apenas depositado, não sacado. Mas, mesmo cruzado e se estiver nominal, o cheque pode ser passado adiante se o beneficiário endossá-lo, ou seja, assiná-lo no verso.

Um outro tipo de cheque é o cruzado em preto. Nele se escreve o nome do beneficiário dentro das linhas paralelas em diagonal. Nesse caso, o cheque poderá ser depositado apenas na conta do próprio beneficiário.

O cheque administrativo, por sua vez, é emitido pelo banco em nome do beneficiário. É um cheque "comprado", pois a pessoa paga seu valor ao banco (que cobra uma taxa por sua emissão) e este lhe entrega o cheque administrativo. É muito utilizado em transações imobiliárias, geralmente entregue pelo comprador no ato da escritura, pois tem garantia de fundos, uma vez que é emitido pelo próprio banco.

Fique atento ao que escreve no verso do cheque. Se pedirem seu telefone, coloque apenas o comercial, para evitar transtornos, como ação de bandidos que eventualmente peguem o cheque num roubo ou furto.

Pelo mesmo motivo, nunca escreva seu endereço no verso do cheque. Se o beneficiário exigir, peça para ele fazer um cadastro com seu endereço em folha à parte.

24

Cheques pré-datados

O "cheque pré", como é conhecido, nada mais é do que um financiamento direto do comerciante (ou credor) ao consumidor.

Do ponto de vista jurídico, o pagamento com cheque pré-datado normalmente é um contrato verbal. Por meio dele, o comprador adquire um produto ou serviço e paga o preço com um ou mais cheques (títulos). O vendedor, por sua vez, compromete-se a resgatar o(s) título(s), isto é, apresentar o(s) cheque(s) pré ao banco, apenas nas datas previamente acertadas.

Tudo verbal, mas rigorosamente legal. As garantias são recíprocas, pois, ao emitir um cheque pré-datado, o comprador "promete" ter fundos quando for feito o saque; ao receber um cheque pré, o vendedor "promete" apresentá-lo na data estipulada.

Na verdade, pode haver quebra de dois tipos nessa transação: se o comprador não tiver fundos na data aprazada ou o vendedor apresentar o cheque antes. Em ambos os casos, considera-se quebra contratual.

Essa transação vincula o comerciante-vendedor, isto é, ele tem de cumprir sua promessa. É que ele faz a oferta de vender recebendo cheques pré-datados. Por isso, não pode romper o que prometeu.

Ora, verbal ou escrito, o contrato foi celebrado e a operação de compra e venda foi efetuada. Como a oferta é parte integrante do contrato, e considerando-se que tanto o preço quanto a forma de pagamento são partes da oferta do vendedor, eles integram o negócio realizado. Então, se o vendedor oferece ao consumidor-comprador como forma de pagamento a entrega de cheque que ele (vendedor) só vai levar ao banco em determinado dia futuro, isso é uma verdadeira cláusula contratual, que não pode ser quebrada. Se o vendedor não cumprir a promessa e gerar danos ao comprador, deve ser responsabilizado pelo que causou (veja a dica seguinte).

Agora você já sabe que, ainda que o "contrato" tenha sido verbal, você tem, sim, o direito de reclamar caso um cheque pré-datado que você tenha emitido seja depositado antes do prazo. Se isso ocorrer, não tenha dúvida: exija seus direitos!

25

Cheque pré antes do combinado?

Se o cheque for apresentado pelo vendedor na data combinada e não tiver fundos, ele tem a seu dispor as alternativas legais para tentar receber seu crédito.

Contudo, pergunto: o que acontece se o vendedor descumpre o pactuado e apresenta o cheque pré antes do dia combinado? Não sofre nenhuma sanção, além do natural repúdio do consumidor?

Simples: a única possibilidade é o vendedor ser responsabilizado pelos eventuais danos que sua quebra de promessa venha a acarretar ao consumidor.

A responsabilidade do vendedor é evidente, pois, ao apresentar o cheque pré antes da data aprazada, duas coisas podem acontecer: o cheque ter fundos e ser pago, ou não ter fundos e ser devolvido pelo banco. Em ambas as situações o consumidor é prejudicado.

No primeiro caso, o consumidor sofre um prejuízo material direto e imediato, pois não estava contando com esse saque e passa a não dispor mais do dinheiro que era seu, que lhe pertencia.

Simultaneamente, ou logo após a apresentação do cheque, o consumidor pode sofrer uma série de outros danos, como não ter mais dinheiro para arcar com compromissos para os quais necessitava da quantia sacada, o que, por sua vez, pode gerar mais outros tantos danos diretos: mais cheques de sua emissão podem vir a ser devolvidos por falta de fundos, posto que podem estar já em circulação, e o estavam porque o consumidor sabia que tinha suficiente provisão de fundos na sua conta corrente. O consumidor pode, também, sofrer danos materiais e morais como decorrência desses fatos.

No caso de o cheque não ter fundos, o consumidor sofre imediatamente danos materiais e morais.

Em todas essas hipóteses, a responsabilidade do vendedor decorre do descumprimento da oferta.

Fica claro, pois, que a operação da compra e venda de produtos ou serviços, que tem por forma de pagamento do preço a entrega de cheque pré-datado, é uma transação lícita, legal e expressamente garantida pelo Código de Defesa do Consumidor.

26

O cheque especial

O cheque especial é uma linha de crédito colocada à sua disposição para uso automático sempre que você emite um cheque e não tem fundos suficientes para cobri-lo, o que, supõe-se, deveria ocorrer em ocasiões especiais, exceções, não sempre. É, portanto, um crédito pré-aprovado.

Tem um limite de valor e prazo de vigência, que normalmente é prorrogado segundo certas regras estabelecidas no contrato original (por exemplo, a quitação do crédito usado).

Mas, cuidado: o limite concedido não pode ser ultrapassado. Se você passar cheque especial em valor superior ao limite, ele pode ser devolvido sem fundos. Por exemplo, o limite de crédito é de R$ 1.000,00; você já usou R$ 900,00 e passa um cheque de R$ 500,00 (R$ 400,00 acima do limite). Nesse caso, o cheque pode ser devolvido, corretamente. Logo, cheque especial também pode e é devolvido por não ter fundos.

Um conselho: só use o cheque especial em ocasiões especiais: em caso de urgência, porque os juros cobrados são usualmente mais elevados do que nos empréstimos pessoais. Se você precisa usar a linha de crédito do cheque especial a toda hora, é mais vantajoso fazer um empréstimo pessoal e pagar as prestações, pois pode haver boa economia, já que as taxas das outras linhas de crédito são mais baixas. De qualquer forma, antes de fazer qualquer um desses negócios, é necessário consultar as taxas no banco.

E se você utilizou demais o cheque especial? O mais sensato é liquidar a dívida rapidamente. Como as taxas são muito altas, elevarão a dívida a valores astronômicos, e vai ficar cada vez mais difícil pagá-la.

Quando perceber que não conseguirá pagar no vencimento ou logo após, faça o seguinte: peça para encerrar seu limite do cheque especial ou faça um empréstimo pessoal, cujas taxas são bem menores, para pagar a dívida do cheque especial. Se o próprio banco recusar o empréstimo, peça a outro e liquide a dívida. Nesse caso, aproveite e troque de banco, porque, de especial, ele não tem nada.

27

O contrato do cheque especial

Preste atenção nas suas cláusulas do contrato do cheque especial. Nele, devem constar o limite do crédito que está sendo concedido (valor em reais), a periodicidade em que os saques efetuados na linha de crédito aberta devem ser pagos e a data de vencimento.

Além disso, deve constar também a taxa de juros iniciais real, mensal e anual. Como essa taxa pode sofrer variação mensal, e como a linha de crédito pode ser usada no futuro, a seu critério, o banco pode alterá-la. Aliás, essa taxa varia quase mensalmente e muda de banco para banco.

A mudança da taxa e a data em que ela entra em vigor têm de ser avisadas por escrito e previamente. O aviso pode ser enviado pelo correio, em circular, por fax, por e-mail, no próprio extrato da conta corrente etc.

No contrato têm de estar especificados, ainda, os acréscimos que eventualmente a lei autorize a cobrar, tais como IOF, seguros etc., e o que pode acontecer com o limite e com o próprio cheque especial se você não pagar na data do vencimento.

Verifique se está escrita no contrato a taxa dos juros de mora, isto é, a taxa cobrada em caso de atraso no pagamento — normalmente, ela é de 1% ao mês —, e a multa a ser cobrada em caso de atraso, que não pode ser superior a 2%.

Outro item que deve constar do contrato é o prazo do término da linha de crédito aberta e a forma para sua renovação.

Acompanhe o desenrolar de sua conta corrente com os lançamentos dos cheques emitidos por conta do limite de crédito, assim como as taxas e os juros cobrados.

Guarde tudo, não só os extratos mensais da conta corrente com a linha de crédito do cheque especial, mas também: a cópia do contrato original e cartas de renovação; os avisos do banco etc.

Fique esperto: o banco é obrigado a entregar cópia do contrato original firmado. Se ele não fizer isso, não espere ter problemas: reclame imediatamente a um órgão de defesa do consumidor.

28 Cheque roubado, furtado, extraviado...

Nos casos de cheques perdidos, roubados ou furtados[1], comunique o fato por escrito ao banco.

Nos dois últimos casos, além da correspondência por escrito, deve ser providenciada a denúncia da ocorrência na delegacia pertencente ao local do furto/roubo. Lavrado o Boletim de Ocorrência (B.O.), uma cópia deve ser entregue no banco.

Os cheques apresentados serão devolvidos com a informação de que se trata de cheque furtado/roubado. Nos dois casos, é preciso perguntar no banco se a carta tem de ser renovada e de quanto em quanto tempo.

1 Roubo é a subtração da coisa alheia mediante grave ameaça ou uso de violência (arma, agressão etc.); furto é a subtração da coisa alheia sem uso de violência. Por exemplo, de um carro estacionado aberto, com a chave dentro, sem o dono por perto.

Se você teve cheque perdido nessas condições e alguém tentar recebê-lo, procure imediatamente um advogado de confiança.

Por outro lado, é ilegal passar um cheque e, em seguida, dar contra-ordem ao banco para não pagá-lo, sem nenhuma justificativa. A não ser que haja motivo jurídico (como é o caso dos exemplos de extravio, furto e roubo), a sustação é ilegal.

Um outro problema grave que atinge o consumidor é o extravio do talão de cheques quando o banco o remete pelo correio ou mesmo quando o furto/roubo ocorre dentro do banco ou no transporte dos talões de um lugar para outro. Pode acontecer, então, de o cheque ser sacado no próprio banco ou de ser passado para outras pessoas, que o apresentam ao banco, sendo pago ou devolvido sem fundos. Além disso, o cheque devolvido sem fundos pode ser protestado.

Em todos esses casos, o banco é o responsável pelos danos causados. Se você passar por isso, procure um órgão de defesa do consumidor ou um advogado de confiança.

Como sempre, toda documentação envolvendo problemas com cheques extraviados, furtados ou roubados (cartas, B.O., protesto e cancelamento etc.) deve ser guardada.

29

"Devo, não nego"

Se você estiver atrasado para pagar alguma dívida, a lei lhe dá alguma proteção.

Ao contrário do que se diz, a proteção do Código de Defesa do Consumidor não impede a cobrança, isto é, ela não está proibida. Os abusos é que estão.

Não é ilegal o exercício de um direito. Assim, não configura constrangimento o protesto do título emitido pelo consumidor inadimplente ou sua negativação no Serviço de Proteção ao Crédito. Da mesma forma, não é ilegal o ajuizamento de ação de cobrança, como também não são ilegais as ações de cobrança extrajudiciais, por meio de telefonemas e envio de correspondências. A ameaça feita pelo cobrador, de que vai exercer seu direito de negativar, protestar e processar, é lícita, pois advém do exercício regular de seu direito de receber o que lhe devem.

O que a lei proíbe são as ações do credor que exponham o consumidor ao ridículo, submeta-o a constrangimento ou ameaça, de maneira injustificada. Um exemplo é o cobrador que liga para o chefe do consumidor para dedurá-lo ou pressioná-lo, atitude que gera constrangimento, dentre outros danos. Mas, se o cobrador ligar para o local de trabalho do consumidor e pedir para que este retorne a ligação, sem especificar que se trata de cobrança, a lei permite.

Constrangimento ilegal é qualquer comportamento do credor e/ou cobrador que não tenha como finalidade principal fazer o consumidor pagar sua dívida. Se a atitude do credor/cobrador não tiver outra intenção que não a de constranger, é ilegal.

Há ações que, por natureza, não têm outra função a não ser constranger, portanto, estão proibidas, como colocar listas com nomes dos alunos devedores nos corredores de escolas ou pendurar cheques sem fundos na vitrina ou caixa dos estabelecimentos comerciais, para mostrar aos outros consumidores quem é inadimplente.

Se isso ocorrer com você, é seu direito pedir indenização por danos morais. Procure um advogado de confiança e exija seus direitos.

30

Atrasou? Olha a multa!

O percentual da multa por inadimplência, isto é, pelo atraso no pagamento de qualquer prestação, é de 2%.

Ocorre em empréstimos bancários, com o cheque especial e com o crédito direto ao consumidor. É cobrada também em todo tipo de financiamento, como o de veículos, eletrodomésticos e móveis. Do mesmo modo, é exigida no financiamento de imóveis, quando a venda for feita diretamente pela construtora ou imobiliária. Mesmo na venda de imóveis entre particulares feita com financiamento por um agente financeiro (banco ou financeira), a multa pode ser requerida. Acontece o mesmo com a carteira hipotecária dos bancos ou em financiamento pelo Sistema Financeiro de Habitação – SFH.

A multa é normalmente imposta em atrasos relacionados ao pagamento de passagens aéreas ou pacotes de viagem financiados.

Como não podia ser diferente, também se aplica ao cartão de crédito em qualquer hipótese: quando o consumidor financia o valor das compras e deixa de pagar na data do vencimento.

Incide também nos contratos de *leasing*/arrendamento mercantil, nos casos de *leasing* impróprios, oferecidos não por instituições financeiras, mas diretamente pelos vendedores, como fazem, por exemplo, empresas que vendem máquinas copiadoras, computadores etc.

Por último, a multa também pode aparecer no crédito educativo fornecido por instituições financeiras ou pela própria escola.

Além da multa, pode ser cobrada a correção monetária calculada por índices oficiais e normalmente adotados, tais como IGP ou IGPM, e ainda os juros de mora de 1% ao mês.

Para saber o valor da dívida já com a multa, primeiro calcule a correção monetária, depois aplique os juros de mora e só então, sobre o total, é que você deve aplicar os 2% de multa.

Lembre-se de que, ao atrasar o pagamento, geralmente a dívida aumenta, porque você também precisa pagar multa. Portanto, evite-a. É melhor você pagar em dia e guardar o dinheiro que pagaria na multa, do que pagar atrasado e ainda ter de gastar mais.

31

Alô, alô, responde

Você já deve ter visto as propagandas que as empresas de telefonia veiculam na tevê. São anúncios que fazem ofertas vantajosas, prometem serviços de primeira linha e fazem parecer que tudo funciona perfeitamente.

Cá no mundo real, as coisas são diferentes, pois a qualidade dos serviços prestados não corresponde à oferecida. São casos de cobrança de serviços por linhas já canceladas, ligações que não foram feitas, serviços que não foram prestados ou que foram, mas sem a prévia autorização do consumidor, e por aí vai.

Muito bem. Se você está passando por algum desses problemas, saiba como agir.

Vou supor que, primeiro, você faça o óbvio: telefone para a operadora e reclame. Receberá, então, um número de protocolo e aguardará pelo tempo que for pedido. Importante: será dito que a conversa está sendo gravada "para sua segurança". Mas saiba que a gravação somente será usada *contra* você e não a seu favor. Por isso, se puder, grave você mesmo a conversa e guarde a gravação, caso precise de prova num eventual processo judicial.

Se a reclamação verbal funcionar, você está livre do problema. Caso contrário, scrá preciso tomar outra atitude.

Quando se tratar de cobrança indevida, aja rapidamente, pois, se você não pagar a totalidade da conta, a operadora poderá cortar a linha e ainda negativar seu nome. Desse modo, o melhor a fazer é apresentar reclamação no Procon ou no Juizado Especial, ou, ainda, procurar advogado de confiança.

Quando se tratar de outro tipo de problema tal como dificuldade de uso da linha, acesso à caixa postal ou à internet, instalação da linha fixa etc., o procedimento é parecido: acione o Procon, o Juizado Especial ou um advogado de confiança.

Em todos esses casos, se você sofrer algum tipo de perda, poderá pedir judicialmente o pagamento de indenização, inclusive por danos morais no caso de ficar com o nome sujo na praça.

32

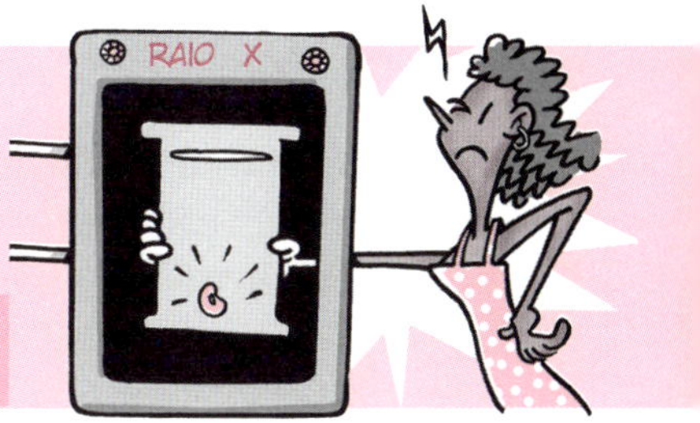

Suas compras nos supermercados

Alimente-se antes de ir ao supermercado, pois, quando se está com fome, tende-se a comprar mais do que o necessário. Pelo mesmo motivo, evite levar as crianças.

Quanto aos produtos perecíveis, calcule se todos os que você vai adquirir serão consumidos dentro do prazo de validade.

Compare os preços entre os produtos nas prateleiras, porém leve em consideração a quantidade líquida contida nas embalagens. Não se iluda com o tamanho delas. Às vezes, uma lata grande tem menos conteúdo líquido que uma lata menor.

Cuidado com ofertas do tipo "leve 3 e pague 2". Confira o preço unitário para ver se vale realmente a pena.

Para sua segurança, examine as instruções sobre acondicionamento. Se o produto necessita de refrigeração, só o adquira se estiver exposto em cabine frigorífica. Senão, não compre, mesmo que esteja dentro do prazo de validade.

Preste atenção aos produtos enlatados. Não leve latas amassadas, estufadas ou enferrujadas. Se os produtos são embalados a vácuo (como salsichas, linguiças etc.), não compre os que apresentarem bolhas de ar ou líquidos nem os que estejam soltos dentro da embalagem ou apresentem manchas esverdeadas. Não compre, também, o produto embalado em caixinhas dobradas, rachadas, rasgadas ou úmidas, e, quanto às embalagens de vidro, não compre as com tampa enferrujada nem aquelas cujo líquido interior esteja turvo e espumoso.

Lembre-se: massas frescas devem estar em balcões frigoríficos. Produto congelado tem de estar duro como pedra.

Na compra por peso, cheque a balança. Veja se, vazia, ela indica "zero". Verifique o selo de autenticação do Ipem. Nas balanças eletrônicas, confira se foi acionado o preço correto no teclado.

Nos cereais pré-embalados, evite as embalagens coloridas, que não permitem a verificação do produto. Após checagem da aparência, adquira os produtos em embalagens transparentes.

Se atentar para esses detalhes, sua ida ao supermercado vai virar passeio.

33

Carnes, aves e peixes

Antes de comprar, examine os balcões de atendimento tanto dos açougues, como de entrepostos, feiras livres e supermercados. Eles devem estar em perfeitas condições de higiene. Paredes e balcões devem estar limpos e claros. A luz utilizada nos locais de exposição e armazenamento não pode ser vermelha, o que é ilegal, uma vez que mascara a verdadeira cor da carne bovina, que é vermelho-clara.

- **Como checar a qualidade das carnes**

A carne estará deteriorada quando contiver zonas ou manchas escurecidas ou zonas ou pontos secos.

- **Carne moída**

A carne deve ser moída à vista do consumidor, para evitar a mistura de carne boa com deteriorada ou da carne pedida com outra de segunda linha.

- **Carne de porco**

Cuidado com as carnes de porco, que exigem atenção especial. Ela estará deteriorada se apresentar pequenas bolinhas brancas (conhecidas como "canjica").

- **Aves**

Também há características importantes a serem examinadas ao comprar aves. A carne estará boa quando tiver consistência firme, cor amarelo-pálida, for brilhante e com odor (cheiro) suave. Mas estará deteriorada quando a cor for esverdeada, sua consistência não estiver firme ou exalar cheiro forte.

- **Peixes**

Somente adquira os que tiverem o corpo rijo (duro), escamas firmes e os olhos salientes e brilhantes.

Já os peixes secos, como o bacalhau, estarão deteriorados se apresentarem manchas úmidas ou avermelhadas.

- **Intoxicação**

Em caso de intoxicação, não jogue fora o resto do produto (preparado ou não) consumido. Guarde-o como prova e denuncie o fabricante imediatamente aos órgãos de defesa do consumidor. Por isso, não jogue fora as notas fiscais das compras efetuadas pelo menos até o consumo final — e sem problemas — dos produtos.

34

Como comprar móveis

- **Desenhe o espaço**

A primeira coisa a fazer é medir detalhadamente o espaço que você vai utilizar. Faça um desenho numa folha de papel, com o formato do cômodo (sala, quarto, cozinha, banheiro etc.) e transcreva as medidas encontradas. Por exemplo:

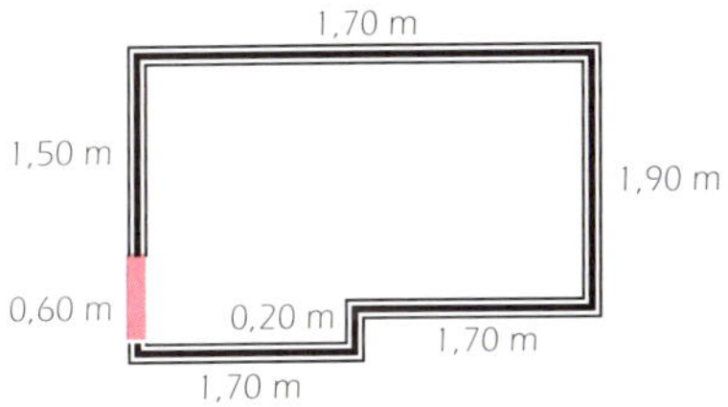

- **Janelas e portas**

Depois, anote os espaços livres e os que já estão ocupados e não esqueça de demarcar os espaços das janelas e das portas *abertas*. É comum esquecer esse detalhe, porque não basta apenas considerar o vão da porta na parede, mas também o espaço necessário para a abertura da porta.

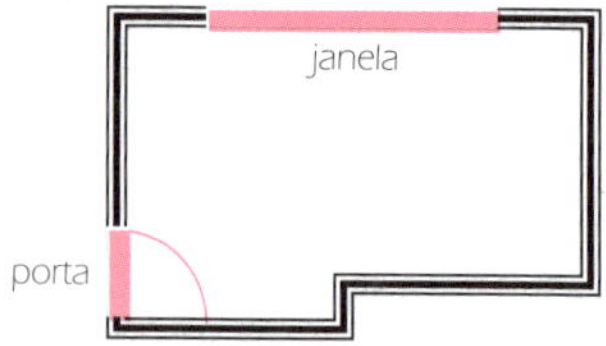

Marque na parede o espaço ocupado pela janela e a altura do parapeito ao chão.

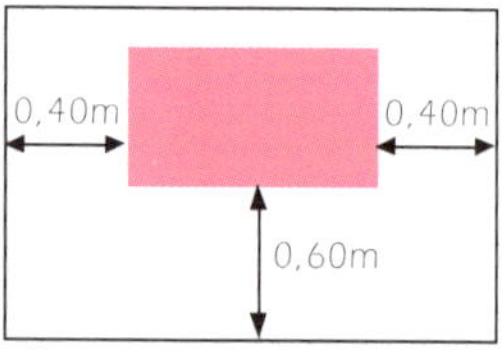

- **Portas, gavetas, pontos de luz e vãos**

Não deixe de considerar o espaço ocupado também pela abertura das portas dos armários, das gavetas, da porta da geladeira etc. Pense na localização das tomadas e dos pontos de luz com relação ao móvel que você vai comprar. Se você quer uma mesa com iluminação em cima, examine a posição do ponto de luz e a fixação do lustre. Lembre-se dos espaços reservados aos vãos que devem ser deixados entre os móveis e a parede. É importante deixar um espaço para ventilação, o que evita a formação de umidade e o surgimento de manchas na parede.

35

Uma dica sob medida

Quando for comprar um móvel, não se esqueça de medir a largura e a altura das portas de entrada da sua casa ou apartamento, especialmente a de serviço, bem como a largura, a altura e a profundidade do elevador. Pode acontecer de o móvel caber no cômodo ao qual se destina, mas não poder entrar, porque não cabe no elevador ou não passa pelas portas. Se não couber, pergunte sobre a desmontagem e remontagem. Prefira que o móvel seja sempre montado pelo técnico da loja, a não ser que seja bastante simples e fácil de você mesmo o fazer.

Estando na loja, leve tudo em consideração, racionalmente. Não tenha vergonha de testar a resistência do móvel: apoie-se nele, deite-se, sente-se. Móveis pontudos e com quinas não são recomendáveis para lugares estreitos, pois podem machucar. Se você tiver criança em casa, pior ainda. Nesse caso, tampos e pontas de vidro também devem ser evitados.

Um outro lembrete: evite arrastar os móveis, não só para não riscar o chão, mas principalmente para que suas junções não soltem. As estantes arrastadas tendem a ficar tortas, desequilibradas e podem ficar desatarraxadas.

Agora, quando for comprar camas e colchões, observe as medidas-padrão existentes no mercado:

Camas	*Solteiro*: 0,80 m x 1,90 m ou 0,90 m x 1,90 m *Casal*: 1,30 m x 1,90 m ou 1,40 m x 1,90 m
Colchões	*Solteiro*: 0,80 m x 1,90 m ou 0,90 m x 1,90 m *Casal*: 1,30 m x 1,90 m ou 1,40 m x 1,90 m

Atualmente, há vários tamanhos especiais. Portanto, antes de comprar, cheque isso e, caso queira, compre tamanho diferente. Mas lembre-se de que todos os acessórios para aquela cama "diferente" terão de ser diferentes também. Leve isso em conta.

Assim, embora colchões, lençóis, cobertores, edredons e protetores de colchão sejam encontrados nas medidas-padrão, meça sua cama ou a que você for adquirir antes de comprá-los. Para camas com medidas especiais, às vezes os colchões precisam ser encomendados, assim como os lençóis e edredons. Mas não se preocupe: hoje há muitas lojas que trabalham com produtos sob medida, desde que você a informe corretamente.

36

Cheque o pedido na loja de móveis

Preste atenção no pedido feito na loja. Ele pode ser a nota fiscal de venda, geralmente feita quando há o produto em estoque, ou o pedido impresso (nesse caso, a nota fiscal tem de ser entregue junto com o pedido). Dele devem constar a descrição detalhada de cada móvel adquirido e/ou encomendado, sua identificação e as respectivas medidas. Se o móvel comportar divisões diversas, devem ser especificadas.

O pedido precisa informar o nome do fabricante do móvel, o preço e o modo de parcelamento, com especificação da entrada e os valores e datas das demais parcelas.

Além disso, o pedido deve conter a forma de pagamento: cheque pré-datado, aviso bancário, carnê etc. Em caso de cheque pré-datado, deve detalhar os números e os valores dos cheques entregues, com a data em que serão apresentados ao banco.

Verifique também se consta a data de entrega e a especificação quanto à montagem, quem a fará e quando, e se o preço disso está incluído.

Deve ainda estar colocado o preço do frete, se for cobrado. Do contrário, deve constar: "preço do transporte de entrega incluso".

Por fim, deve ser informada a garantia oferecida pelo fabricante. Caso ele não a ofereça, fica valendo o prazo legal de 90 dias para reclamação, contados da entrega do móvel.

Quando receber o móvel em casa, cheque o produto entregue com as especificações do pedido e/ou nota fiscal em seu poder. Se o produto não conferir, não o aceite. Se preferir ficar com ele, solicite uma nova nota fiscal com especificação adequada à realidade do produto; assine no canhoto da nota fiscal de entrega somente após a conferência e coloque a data. O prazo de garantia começa nessa data. Se o móvel não conferir com o que está na nota, escreva isso nela, na frente ou no verso.

Não aceite o produto sem a nota fiscal. E, como sempre, guarde a cópia do pedido e/ou a nota fiscal. Qualquer problema, acione imediatamente um órgão de defesa do consumidor ou um advogado de confiança.

37

Como lidar com a cara-de-pau

Você comprou um móvel bonito, do jeitinho que você queria. Mas a loja não o entrega no prazo prometido. Simples: você pode desistir do negócio suspendendo os pagamentos seguintes e requerendo a devolução do que já foi pago em valores corrigidos.

Se quiser, pode estabelecer novo prazo de entrega ou aceitar um produto equivalente no lugar do encomendado. Também pode ingressar com reclamação nos órgãos de defesa do consumidor ou com ação judicial, obrigando a loja a entregar o produto.

Mas, atenção: em qualquer hipótese, primeiro certifique-se, por telefone ou pessoalmente, das razões do atraso. Se a explicação for convincente e o novo prazo oferecido não for exagerado, talvez valha a pena esperar.

No entanto, se ainda assim o móvel não for entregue, notifique a loja por meio de Cartório de Títulos e Documentos e desista do negócio, suspendendo os próximos pagamentos e requerendo a devolução do que já foi pago em valores corrigidos.

Aja da mesma forma se o móvel for entregue desmontado e o montador não aparecer no prazo.

Se o móvel apresentar vício, reclame (veja a dica 2). É vício quando, dentre outros problemas, as portas não abrem direito, se soltam ou emperram. O mesmo se dá se uma mesa estiver com as pernas bambas e tortas ou, no caso de armários e estantes, eles balançarem exageradamente.

É considerado vício também o surgimento de rachaduras, manchas, riscos, a falta de peças, a montagem com madeiras diferentes (a não ser que essa seja a proposta), puxadores mal fixados e que ficam saindo à toa, a colocação de puxadores diferentes uns dos outros (a não ser que a proposta seja essa), tecidos rasgados ou puídos, a descoberta de cupins etc. Enfim, é vício tudo aquilo que torna o móvel inadequado ou impróprio para uso, ou, ainda, que diminui seu valor e/ou beleza conforme prometido.

Se tiveram a cara-de-pau de não entregar um produto ou entregá-lo com defeito, não se intimide: exija seus direitos.

38

Está a fim de comprar roupa? Então, leia!

No setor de vestuário, o primeiro item a ser checado é o preço. As diferenças são enormes. Pesquise preços, qualidade, corte do traje e faça isso em locais diferentes: mais de um *shopping*, centros comerciais de bairros diferentes, assista aos programas de ofertas etc.

Lembre-se de que numa mesma área comercial, por exemplo, num *shopping center*, a tendência é que os preços não variem muito, pois, do mesmo jeito que você pesquisa, os comerciantes também. Os preços tendem a variar mais de um centro para outro. De todo modo, peça descontos, pechinche: este é seu direito.

Experimente as peças, mas não acredite na conversa dos vendedores, pois alguns costumam dizer que você ficou muito bem naquele traje, que aquela cor lhe caiu bem e por aí vai. Tire você mesmo a conclusão ou leve em conta a opinião do namorado, namorada, esposa, marido, enfim, de pessoas que realmente o estimam.

Fuja da roupa importada só porque é importada. Alguns vendedores vão logo dizendo: "este é um produto importado, o tecido é italiano, o corte é francês etc.". E daí? Não se impressione! Claro que você pode comprar o importado, mas apenas depois de ter comparado as condições de qualidade e preço com o nacional.

Antes de comprar, verifique a etiqueta: devem constar a identificação do fabricante ou importador, seu endereço e o número do CNPJ; o tipo de tecido e a composição, a forma adequada de lavagem e de secagem (se é para lavar a seco, não lavar em água quente, enxaguar bem etc.). Nas peças importadas, todas as informações devem estar em português.

Se não constar o modo adequado de lavagem e secagem e você fizer uma lavagem comum na máquina de lavar, estragando a peça, o vendedor e o fabricante são os responsáveis pelos danos.

Não leve nenhuma roupa com defeito (mancha, botão solto, corte torto), acreditando que "lavando sai" ou que "é só passar que fica reto". É mais "empurração".

39

Roupas defeituosas, garantias, trocas...

Roupas não foram feitas para encolher. Depois de várias lavagens, um pequeno encolhimento é aceitável. Contudo, encolhimento é defeito (vício do produto). É verdade que é preciso seguir as especificações – se elas existem – para lavagem e secagem. Mas, se você as seguir e ainda assim a peça encolher, a culpa é do fabricante.

O mesmo se dá com as cores, que não podem mudar facilmente. Só é aceitável uma descoloração com o desgaste do uso prolongado e após muitas lavagens. Descoloriu à toa? É vício.

Queda de botões, zíper que não fecha, bainhas que se soltam, buracos que se abrem na costura etc., é tudo vício que pode ser reclamado.

O prazo para a reclamação é de noventa dias. Ele inicia-se da data de entrega da peça. Não confunda com a data da compra. Às vezes, compra-se um terno ou um vestido num dia e ele somente é retirado depois (por causa do ajuste). O prazo só começa a correr na data da retirada (por isso é bom guardar o canhoto de entrega).

Há casos de vício oculto. Por exemplo, alguns meses após a compra de um casaco, seu tecido, ao ser molhado com pingos de chuva, se enruga todo. Trata-se de problema que não podia ser checado no uso rotineiro do produto. Então, nesse caso, o prazo começa a ser contado no momento em que o vício surgiu.

Na hipótese de perda da roupa por descoloração, encolhimento ou outro vício, a loja que a vendeu é obrigada a devolver a quantia paga pela peça ou trocá-la por outra nova e igual ou similar, sem os vícios (**anote:** se o problema é do tecido, não adianta dar uma igual, pois o vício voltará). Quem decide por uma ou outra é você.

Se a roupa pode ser consertada, o prazo da loja é de trinta dias. Se o conserto não for feito nesse tempo, então, após os trinta dias, você pode exigir a troca ou o dinheiro de volta.

Se a loja se negar a fazer o conserto, a troca, ou a devolver o dinheiro, você deve procurar um órgão de defesa do consumidor ou advogado de confiança.

40

Não suje seu nome

Os chamados serviços de proteção ao crédito (por exemplo os SPCs e a Serasa) são, como o nome diz, serviços oferecidos no mercado que servem como base de informações sobre pessoas inadimplentes, isto é, devedoras. Funcionam como um "banco de dados negativos": a pessoa que tem seu nome lançado nele fica "negativada", ou seja, isso indica que alguma dívida que ela tem não foi paga. São registrados os nomes de pessoas físicas e jurídicas (empresas).

Quando é protestada pelo não-pagamento de um título de crédito (nota promissória, duplicata, cheque etc.), a pessoa fica com seu nome anotado no Cartório de Protestos. Quando ela tem um mesmo cheque devolvido duas vezes por falta de fundos, fica com o nome registrado no CCF – Cadastro de Emitentes de Cheques sem Fundo.

Para não ficar "sujo no mercado", como vulgarmente se diz, é importante evitar que seu nome seja anotado em algum desses cadastros, pois, quando isso ocorre, fica bastante difícil obter crédito, o que o impede de comprar a prazo.

Entretanto, se você estiver numa situação assim, aja rápido (veja as dicas 41 a 43), pois limpar o nome dá um certo trabalho. O crédito é um benefício que você tem. Sabendo usá-lo, você terá vantagens sempre. Mas, se deixar seu nome sujo, transformará essa vantagem numa tremenda dor de cabeça.

Agindo com responsabilidade na hora de usar o crédito que lhe foi concedido, você terá cada vez mais crédito na praça. Já pensou nisso?

41

Tire seu nome do CCF

O Cadastro de Cheque sem Fundos (CCF) é administrado pelo Banco do Brasil. Nele são incluídos os cheques que foram devolvidos duas vezes consecutivas por estarem sem fundos.

Se seu nome foi parar no CCF, prepare-se para a burocracia exigida para retirá-lo de lá.

Normalmente, você sabe para quem passa os cheques, o que não é diferente com o que acabou voltando por falta de fundos. É bom lembrá-lo, entretanto, de, sempre que passar um cheque, anotar o nome e telefone da pessoa que o recebeu, além, claro, do valor e da data de emissão.

Mas caso você não tenha anotado os dados do cheque devolvido, dirija-se ao banco que fez a inclusão do seu nome no CCF e peça-lhe o número, o valor e data de emissão do cheque, bem como as duas datas da apresentação e os dados do portador que o apresentou ao banco.

Depois, procure o portador para quitar o débito, exigindo o cheque original de volta. Se o portador destruiu ou perdeu o cheque, peça-lhe uma declaração, com assinatura (firma) reconhecida em cartório, de que o cheque foi pago e que ele nada mais tem a reclamar. Com o cheque ou com a declaração em mãos, prepare uma carta com os dados indicados pelo gerente de sua conta ou preencha o formulário que ele lhe entregar.

Então, tire cópia da declaração ou do cheque que irá devolver ao banco e guarde-a. Junte o original à carta ou ao formulário e entregue-os ao banco, pagando a taxa de devolução do cheque.

O próprio banco se encarregará de enviar o pedido com o cheque ou a declaração para liberação junto ao Banco do Brasil. Peça protocolo (recibo de entrega) da carta ou do formulário ao gerente. E cuide para nunca mais ter de fazer tudo isso.

42

Cancele protesto de título

Os protestos são utilizados como forma de cobrança. Diretamente ou mediante contrato com os bancos, os credores mandam os títulos vencidos para os Cartórios de Protestos. São duplicatas, notas promissórias, cheques devolvidos etc.

Na verdade, na maioria das vezes tais títulos sequer precisariam ser protestados, pois bastaria ingressar com ação judicial de cobrança. No entanto, como a pessoa que tem um título protestado na praça fica, como se diz, com o "nome sujo", enviar o título a um cartório é um modo de fazer cobrança dentro da lei. Quem fica protestado realmente passa a ter problemas de crédito e dificuldade para fazer compras a prazo, abrir contas em banco e outras atividades civis e comerciais.

Por isso, fique esperto: se receber aviso de Cartório de Protesto, não o despreze. Corra para fazer o pagamento ou, caso esteja em dificuldade financeira, ao menos tente negociar a dívida com o credor, pedindo-lhe que tire o apontamento do Cartório.

Como tudo tem jeito na vida, se você foi protestado, é possível limpar seu nome.

Vá ao Cartório em que você foi protestado e peça uma certidão com os dados do título e da pessoa que o levou a protesto. Depois, entre em contato com essa pessoa, quite a dívida e exija dela uma carta atestando que a dívida foi paga.

A carta deve conter todos os dados do título e do protesto, conforme consta na certidão. Por exemplo: tipo de título (nota promissória, duplicata, cheque etc.), data da emissão, valor, data do protesto, número do Cartório de Protesto (quando existir mais de um na cidade), nome do apresentante etc.

Reconheça firma da pessoa que assinou a carta, tire uma cópia dela já com firma reconhecida e guarde-a.

A seguir, volte ao Cartório de Protestos, apresente a carta e peça o cancelamento da anotação. Por fim, peça nova certidão que aponte que seu nome está limpo e guarde-a.

Missão cumprida.

43

Nada de nome sujo na praça!

Os chamados Serviços de Proteção ao Crédito (veja a dica 41) são prestadores de serviços públicos por força de lei (no caso, do Código de Defesa do Consumidor). O que eles fazem é arquivar informações sobre devedores fornecidas por comerciantes e instituições financeiras.

Ainda que você não tenha sido protestado ou cobrado judicialmente, não se iluda: o registro das dívidas vencidas é feito assim mesmo.

Tecnicamente, sempre que você quitar uma dívida, os credores que antes tinham indicado seu nome devem informar o fato a tais serviços para que seu nome seja retirado do cadastro. Do contrário, procure imediatamente um órgão de proteção ao consumidor ou um advogado de confiança.

Todavia, para evitar dissabores, sempre que você quitar uma dívida, exija a retirada de seu nome e, no caso de cancelamento do protesto de título, para garantir que seu nome seja limpo de fato, tire cópia autenticada da certidão negativa do respectivo Cartório de Protesto e protocole pedido junto ao serviço de proteção ao crédito, exigindo o cancelamento da anotação. Caso não consiga o resultado adequado, vá a um órgão de defesa do consumidor ou procure um advogado.

Saiba que, se você estiver negativado e renegociar sua dívida com o credor, este tem de mandar retirar a anotação, pois você passará à condição de pagador pontual.

Assim, sempre que fizer um acordo para composição da dívida, exija a retirada de seu nome dos cadastros.

Após firmar o termo de composição amigável ou o novo contrato, aguarde dez dias e, depois, certifique-se de que seu nome esteja limpo. Senão, já sabe o que fazer: procure um órgão de defesa do consumidor ou um advogado de confiança. Independentemente disso,esses prestadores de serviços mantêm sites e telefones de atendimento explicando quais os documentos que devem ser encaminhados para cancelar a anotação. Então, já sabe: nada de nome negativo na praça!

44

Evite operação casada

A chamada "operação casada" ou simplesmente "venda casada" é uma imposição feita pelo fornecedor ao consumidor. Ela se dá quando o vendedor exige que o consumidor obrigatoriamente adquira um produto para poder comprar outro (o mesmo ocorre com os serviços).

Algumas dessas operações são bem conhecidas. Dentre elas, estão certas imposições feitas por bancos para abrir conta ou oferecer crédito, como somente dar empréstimos se o consumidor fechar um seguro de vida, ou mantiver saldo médio por certo período. Outro exemplo é o comerciante que só serve a bebida no bar se o consumidor comprar um prato de acompanhamento. Ou quando impõe quantidade mínima para a compra de um produto.

Mas há exceções: algumas operações casadas são legítimas, bem como certas quantidades mínimas podem também ser exigidas, desde que dentro de critérios razoáveis. Assim, por exemplo, o comerciante pode se negar a vender apenas a calça de um terno, por motivos óbvios. Da mesma maneira, o industrial pode embalar o sal em pacotes de 500 g, mesmo que o consumidor queira adquirir apenas 200 g.

Dependendo do tipo de operação, você pode aceitar a imposição e, em seguida, anular parte dela. Por exemplo, se for caso de banco que exige que você faça um seguro para obter um empréstimo, você pode primeiro obter o empréstimo e, depois, cancelar o seguro.

Se for daqueles bares que não deixam você se sentar sem beber, então o jeito é ir embora e depois denunciar o estabelecimento aos serviços de proteção ao consumidor.

Você deve estar atento para perceber se, fazendo o negócio, a parte imposta de forma abusiva pode ser resolvida separadamente, como o caso do seguro que pode ser cancelado.

Se não der certo, procure um órgão de defesa do consumidor ou um advogado de confiança.

45

Vai vender seu veículo usado?

Nem sempre é fácil vender um carro usado. Dependendo da liquidez do mercado e da idade do veículo, pode ser bastante difícil fazer a venda. E, ao conseguir um comprador, é preciso cautela para fechar o negócio, mesmo que o comprador seja uma loja vendedora ou concessionária.

Para vender seu veículo, use todas as formas de divulgação ao seu dispor. Anuncie nos jornais: pense no valor do seu carro e no tipo de pessoas que leem o jornal; tente anunciar no jornal dirigido ao público-alvo que se interessaria por um veículo como o seu.

Avise a todos os seus amigos, vizinhos, parentes, colegas de trabalho e de faculdade que você está vendendo seu carro.

Se houver mural de anúncios no seu trabalho ou na faculdade, utilize-o. Faça o mesmo se existirem jornais de circulação interna no trabalho ou na faculdade.

Lembre-se: cartaz no vidro do carro também ajuda.

Além disso, cuide da aparência do carro: mostre-o lavado, de preferência faça uma lavagem completa e, se a tinta não estiver brilhando, faça um polimento. Deixe-o, portanto, arrumado e limpo.

Deixe-o limpo e bonito, mas não faça "malandragens". Cheque os itens básicos, tais como regulagem, circuito elétrico (lâmpadas internas, faróis etc.), barulhos incômodos. Não esconda, contudo, eventuais problemas graves. Você pode depois até ser acionado judicialmente. O correto é apontar os defeitos e dar desconto no preço. Isso também é útil quando você quiser vender rápido seu veículo, afinal, em tempos de tanta desonestidade, a sinceridade anda em alta.

Na troca de veículos, entretanto, a checagem das condições deve ser feita por ambos: vendedor e comprador, para que a troca seja de fato justa.

46

Vai comprar um veículo usado?

Se você vai comprar um veículo usado, procure dirigi-lo para ver se você percebe algum problema. Além disso, também leve um mecânico de confiança para examinar o veículo antes de comprá-lo.

Cheque e compare a idade do veículo com o desgaste, a quilometragem e as condições do motor. Pergunte a profissão do vendedor, sobretudo para saber se ele anda muito com o carro, se carrega muitas coisas nele etc., e faça um cálculo para ver se a quilometragem é adequada. Verifique tudo, incluindo a condição dos pneus e dos amortecedores.

Compare os preços médios dos jornais (use mais de um) e anote-os para poder consultá-los quando for avaliar o veículo que deseja comprar. Leve em consideração as condições reais do carro: peças originais de fábrica, acessórios colocados depois, revisões feitas em concessionárias, funilaria devido a batidas e serviços que precisam ser feitos.

Compare o valor pedido pelo vendedor com o preço médio obtido a partir das ofertas dos jornais para saber se vale a pena. Se você quer fazer um bom negócio e tem dinheiro na mão, pode até pedir desconto.

Na troca de veículos, tanto vendedor quanto comprador devem checar as condições dos automóveis.

Se o prazo de garantia de fábrica do veículo usado não foi ultrapassado, ele continua valendo ainda para o novo proprietário. Se, entretanto, o prazo de garantia já tiver expirado, mas é um usado vendido por loja de veículos ou concessionária, ou mesmo comerciante de veículos pessoa física, o comprador tem uma garantia de 90 dias para reclamar em função de vício, prazo este que começa a correr da data da entrega do veículo. A responsabilidade pelo funcionamento normal do veículo durante os 90 dias é do vendedor-comerciante. Só não está garantido o desgaste natural das peças, que, em veículos usados, pode ser mais acelerado e, dependendo do componente, pode ser bastante grande.

No caso de compra e venda entre particulares, isto é, sem comerciante envolvido, não há prazo de garantia para reclamação.

47

A documentação do veículo usado

Como comprador, é preciso, antes de adquirir um veículo usado, verificar junto ao Departamento de Trânsito – Detran se ele está livre para venda bem como se há multas e qual o valor.

Como vendedor, é necessário saber se o cheque recebido como pagamento tem fundos. Cheques administrativos diminuem o risco, que só existe se forem falsificados. É bom verificar a validade do cheque administrativo ou visado, ligando para o banco com o cheque em mãos.

A transferência do veículo deve ser feita em Cartório, com a presença do vendedor, mediante o preenchimento do Certificado de Registro de Veículo – CRV, no qual a firma será reconhecida. Essa transferência deve ser feita na data da venda do automóvel ao comprador, novo proprietário.

Logo em seguida, o documento de transferência deve ser entregue no Detran para a transferência do nome do proprietário nos registros daquele órgão. O serviço também pode ser feito por despachante.

O importante é que seja feito de imediato, pois, enquanto o nome não é transferido, qualquer ocorrência de trânsito aponta automaticamente o proprietário com registro no Detran como responsável.

Também por isso deve o vendedor, após reconhecer firma do documento válido para transferência, tirar cópia autenticada dele e guardá-lo consigo.

Além disso, deve-se fazer um outro documento de compra e venda, onde conste a descrição do automóvel, nome, endereço, CPF, RG do vendedor e do comprador, o preço da venda, a forma de pagamento e a responsabilidade do vendedor por multas relativas a períodos anteriores à data da venda que porventura apareçam depois.

IPVA, taxas, seguro obrigatório e licenciamento devem também ser levados em consideração na hora de estipular o preço. E lembre: nada deve ser feito "de boca", isto é, verbalmente.

48

Zero-quilômetro

Na compra de automóvel zero-quilômetro nas concessionárias ou em qualquer outra revenda, o consumidor-comprador recebe as garantias oferecidas pelas montadoras.

A garantia de fábrica tem de ser entregue ao comprador mediante termo escrito, em documento padronizado, no qual esteja claramente estabelecido em que consiste, quais as peças e os componentes cobertos pela garantia e qual o prazo e o lugar para o exercício dela.

Precisam estar claras e expressas, também, as obrigações do consumidor-comprador para utilizar essa garantia.

Como, normalmente, os termos de garantia das montadoras são bem-feitos, cabe ao consumidor prestar atenção às suas obrigações para não perdê-la. Por exemplo, fazer as revisões periódicas e realizar certos serviços apenas em concessionárias. Então, leia o termo e não esqueça suas obrigações.

Se o veículo novo é importado, cabe ao importador a responsabilidade pela garantia, a não ser que o fabricante original tenha empresa ou representante que expressamente assuma a responsabilidade pela garantia no Brasil. De qualquer forma, o termo deve estar escrito em português, como também o manual de uso e manutenção do veículo.

O prazo de garantia, em qualquer hipótese, começa a correr da data da entrega do veículo e não da data da compra. Por isso, certifique-se de que a concessionária ou revendedora tenha marcado (com um carimbo ou com cópia do recibo de entrega) a data da entrega do veículo.

Ao pensar no preço do carro zero-quilômetro, não se esqueça de adicionar o custo do licenciamento (IPVA, seguro obrigatório e taxas de serviços).

Guarde a nota fiscal, o comprovante de entrega do veículo e, se no anúncio publicitário havia algum tipo de garantia diferenciada ou benefício especial, guarde também o anúncio. Lembre-se de que a oferta do anúncio integra o negócio.

Tomando todos esses cuidados, você vai poder curtir seu carro novo sem preocupações.

49

Socorro! Roubaram meu carro no *shopping*!

Alguns estacionamentos de supermercados e *shoppings centers* mantêm contrato de seguro contra roubo e furto de veículos. Na capital de São Paulo, por exemplo, uma lei municipal obriga sua contratação quando o número de vagas é superior a cinquenta. Contudo, com ou sem seguro, não há garantia absoluta de que você será ressarcido dos prejuízos que sofrer.

A responsabilidade pela guarda do veículo é do estabelecimento, quer ele mantenha contrato de seguro, quer não. Mas as circunstâncias continuam sendo as mesmas: você terá de provar que havia colocado o carro no local de onde foi levado. Essa é a grande dificuldade para receber a indenização, uma vez que é usual o fornecedor ou a companhia de seguros negarem que o veículo estava no local.

Assim, se você passar por isso, saiba que as testemunhas são muito importantes. Se você estiver acompanhado de alguém no dia do roubo, já ajuda, principalmente se a pessoa não for seu parente. O ideal é descobrir no local alguém que tenha presenciado o delito.

É necessário, também, guardar o canhoto ou a nota fiscal das compras efetuadas naquele dia. Deve, ainda, ser lavrado o boletim de ocorrência na delegacia correspondente ao local e, se possível, já levar as testemunhas.

Nos estabelecimentos que fornecem na entrada do estacionamento um tíquete de controle, este não deve ser devolvido, em hipótese alguma, pois é uma prova fundamental. Nesses estabelecimentos, seus problemas são reduzidos por dois motivos: primeiro, porque, em caso de roubo, o próprio tíquete serve de prova de que você deixou seu veículo lá. Segundo, porque, quando há esse tipo de controle, a possibilidade de furto é menor.

Se o estabelecimento se negar a indenizá-lo ou você perceber que estão enrolando, procure imediatamente um órgão de defesa do consumidor ou um advogado de confiança.

50

Nas mãos dos manobristas

Se você sofrer dano no veículo que foi entregue nas mãos de um manobrista ou se o veículo foi furtado ou roubado quando estava em poder de um manobrista, o estabelecimento para o qual o manobrista trabalha está obrigado a indenizar você.

Naqueles que oferecem serviço de manobrista (*valet*), deve estar afixado em local apropriado e visível pelo menos as seguintes informações: o valor cobrado, o endereço onde os veículos serão estacionados, o valor do seguro e o número de vagas que o estacionamento comporta.

Em algumas localidades, o serviço foi regulado por leis municipais, como na cidade de São Paulo. Lá, a lei determina que os manobristas devem estar uniformizados e identificados, que o estabelecimento possua local adequado e seguro para o estacionamento dos veículos, ou seja, não podem ser estacionados na rua, e que o estabelecimento deve celebrar tanto seguro para cobertura de incêndio, furto, roubo e colisão do veículo, como seguro de percurso.

Na entrega do veículo, você tem direito a um recibo contendo: o nome da empresa, o número de inscrição no Cadastro Nacional de Pessoa Jurídica – CNPJ, o dia e horário, o nome do modelo, da marca e a placa do automóvel e o local onde o veículo foi estacionado.

A responsabilidade pelos danos causados ou por multas recebidas é solidária da empresa que administra o serviço de manobristas e do estabelecimento comercial, isto é, você pode ingressar com ação visando a reparação do dano tanto contra a empresa de *valet service* quanto contra os restaurantes, bares, danceterias, boates, teatros, lojas, institutos de beleza, clínicas, bufês etc. que tenham terceirizado esse serviço.

Para atestar que você sofreu danos, junte provas (veja as dicas 49 e 51), consiga testemunhas e faça um boletim de ocorrência.

Lembre-se de que, quando você não conhece seus direitos e ignora as providências corretas a serem tomadas, o problema pode aumentar de tamanho. E não é isso que você quer, é?

51

Vai estacionar, chefe?

Se seu veículo for roubado ou furtado em estacionamentos, você tem direito a indenização, mesmo com as tabuletas e avisos dizendo que eles não se responsabilizam por furto ou roubo do veículo ou por furto de objetos deixados em seu interior. Afinal, você paga para guardar seu veículo e cuidarem dele.

No entanto, o difícil é provar que você de fato colocou seu carro no local de onde ele foi levado. Uma prova é o recibo da entrega do veículo. Por isso, nunca o deixe dentro do carro. Leve-o sempre consigo.

Em caso de furto ou roubo do automóvel, o recibo não deve ser devolvido em nenhuma hipótese, pois será prova numa eventual ação judicial.

Aja rapidamente: se o estabelecimento se negar a indenizá-lo, procure imediatamente um órgão de defesa do consumidor ou advogado de confiança.

Tudo isso vale tanto para furto ou roubo de veículo quanto para batidas na lataria e para furto ou roubo de objetos deixados dentro do veículo.

No caso de batidas, provar o ocorrido é ainda mais difícil, pois, se o amassado for bastante grande e, por exemplo, o carro não andar mais, ainda dá para fazer uma boa prova com testemunhas, mas, se for pequeno ou apenas arranhões, o estabelecimento pode negar a ocorrência, alegando que o veículo já estava daquele jeito quando entrou ali.

Acontece o mesmo com objetos deixados no interior do veículo: você precisa provar que o furto se deu dentro do estacionamento, o que geralmente só é possível por meio de testemunhas, desde que maiores de dezesseis anos. Se você estiver acompanhado de alguém no dia do furto ou roubo, já ajuda, principalmente se não for seu parente, mas o ideal é descobrir alguma pessoa que tenha assistido ao fato ou obter dos manobristas uma declaração nesse sentido. Eles podem, eventualmente, servir de testemunhas.

Em todos os casos acima, se você conseguir levar as testemunhas à delegacia quando for fazer o boletim de ocorrência, melhor.

52

Como identificar combustível adulterado

Quando você for abastecer, procure postos confiáveis e, de preferência, abasteça sempre no mesmo.

Prefira sempre gasolina aditivada, cuja composição contém dispersantes e detergentes que ajudam a reduzir a carbonização interna do motor.

Desconfie de gasolinas muito baratas, pois podem estar adulteradas. Claro que, mesmo com preço regular, não há garantia total de qualidade. Escolha sempre os postos certificados pelas distribuidoras e que tenham equipamentos de controle de qualidade do combustível.

Ainda que tenha tomado esses cuidados, se o motor de seu carro começar a engasgar e falhar repentinamente, mude imediatamente de posto. Faça isso quando notar alguma alteração na marcha lenta.

Importante: peça sempre nota fiscal e guarde-a por algum tempo, pois, se o seu veículo sofrer algum dano e você tiver de acionar o fornecedor, esse documento será usado por seu advogado ou pelo órgão de proteção ao consumidor.

Vender gasolina adulterada é prática criminosa, que precisa ser denunciada.

No site da Agência Nacional do Petróleo – ANP (www.anp.gov.br), na opção "dados de fiscalização", é possível obter a relação de postos revendedores autuados e/ou interditados por problemas de qualidade dos combustíveis.

Igualmente, você também pode fazer sua denúncia de suspeita de combustível adulterado nos Procons. Os postos de abastecimento denunciados passam a integrar o banco de dados que norteará as ações de fiscalização dos Procons.

- **Direito a indenização**

Se seu veículo for danificado por combustível adulterado, você pode mover ação de indenização contra o estabelecimento fornecedor. Para tanto, procure um advogado de confiança para orientação detalhada e específica. Guarde a nota fiscal do abastecimento e também uma amostra da gasolina adulterada, pois servirá como prova em um exame pericial.

53

O atendimento médico

É muito importante que você conheça os direitos que envolvem a relação médico-paciente tanto no consultório como no hospital. Saiba o que fazer em caso de violação.

Tanto no consultório como no hospital, o médico tem obrigação de prestar um atendimento adequado e dentro dos parâmetros legais. Ele é um prestador de serviço e, como tal, deve fazê-lo de forma técnica compatível com sua especialidade, sem ações precipitadas ou omissões injustificadas.

É seu direito de consumidor receber receitas escritas de forma legível. Nada de "caligrafia de médico é assim mesmo". Não é nem um pouco engraçado ficar decifrando junto ao farmacêutico os "quase hieróglifos" do médico para descobrir qual medicamento comprar e como tomá-lo.

Além de sem graça, é ilegal, pois representa uma falha na informação. Esta deve ser clara, precisa, detalhada. Infelizmente, já aconteceu de pessoas comprarem o remédio errado e, em equívoco, tomarem o medicamento, sofrendo sérios danos. E isso simplesmente porque não deu para decifrar o que estava escrito na receita. Para evitar esse tipo de problema, sempre que você receber uma receita, leia-a na hora e tire as dúvidas com o médico. Se for preciso, escreva você mesmo no verso da receita o nome e a dose do medicamento a ser tomado.

A consulta é confidencial e, resguardados os casos de doenças de notificação compulsória (epidemias, por exemplo) ou risco real para terceiros, o médico deve proteger as informações que recebe de seus clientes. Na violação desse sigilo, você pode pleitear indenização do médico e/ou do hospital.

O médico e os demais profissionais devem tratar o paciente com educação e respeitar sua dignidade como ser humano, jamais podendo usar expressões preconceituosas, nem se referir a ele pelo nome de sua doença. Esse direito se estende ao acompanhante, aos familiares e, caso ocorra, ao falecido. Se isso ocorrer, cabe pedido de indenização.

Então, olho vivo: não é porque está diante de um doutor que você pode ter seus direitos violados.

54

No hospital...

Nos hospitais, os profissionais devem ser identificados com crachá contendo nome completo, profissão e cargo (médico, enfermeiro etc.).

O paciente tem o direito de receber uma cópia do prontuário, quer seja no hospital, clínica ou no consultório. Se ele não estiver consciente, a cópia deve ser entregue ao responsável legal (cônjuge, filhos, pais etc.).

É direito também receber por escrito (de forma legível, de preferência datilografado ou impresso) o relato do diagnóstico feito, bem como as condutas médicas a serem adotadas, com a descrição das etapas da doença pelas quais provavelmente o paciente passará, os tratamentos que serão empreendidos, os riscos envolvidos etc., pois o paciente pode recusar os diagnósticos e tratamentos.

O consentimento deve ser dado depois de o paciente ou sua família ter recebido claras e totais informações sobre o caso, em linguagem simples. Além disso, é direito do paciente dar o consentimento e depois, se quiser, revogá-lo, isto é, pode mudar de ideia.

Quando a doença é grave e/ou desconhecida, é direito do paciente saber da expectativa sobre o resultado do tratamento e ser esclarecido não só a respeito do diagnóstico e do tratamento disponível quando possível apenas se submetido a pesquisa ou procedimento experimental, assim como dos riscos que corre para alcançar os benefícios desejados.

É obrigação do médico/hospital/clínica fazer testes antialérgicos para uso de medicamentos que apresentem riscos quando ministrados, como é o caso da penicilina, bem como teste para verificação de diabetes, quando o procedimento ou o uso do medicamento trouxer riscos em função dessa doença.

É também obrigatória a utilização de material esterilizado ou descartável, dentro das mais estritas regras de segurança e higiene. Se for necessária a utilização de sangue, o paciente tem direito de conhecer sua procedência.

Nas consultas e intervenções, o paciente pode ter um acompanhante, o que também é válido para o parto: o pai do bebê, querendo, pode assistir.

55 Internação hospitalar

Não assine nenhum documento sem antes lê-lo e entendê-lo completamente. Na dúvida, não assine. Esclareça o significado do que está escrito. Algumas vezes, o hospital se aproveita da situação de urgência e desespero em que está o consumidor para obter assinatura em documentos que depois trazem grandes problemas.

Já houve casos em que, por não terem lido, consumidores assinaram duplicatas e notas promissórias. Não assine também papéis com espaço em branco. Anule com traços ou com "xis" o espaço vazio antes de assinar. Na realidade, o único documento que pode eventualmente ser assinado é o orçamento, para aprovação, mesmo assim, repito, depois de bem lido e de anulados os espaços em branco.

E, por falar em orçamento, saiba que paciente tem direito de recebê-lo previamente ao serviço que será prestado. Dele devem constar: o valor dos honorários, o preço dos materiais a serem empregados, as condições de pagamento (ou seja: se é à vista, parcelado, com ou sem entrada etc.), as datas de início e término do serviço ou a previsão da necessidade de sua continuidade e o prazo de validade do orçamento.

Se o orçamento não falar do prazo de validade, valerá por dez dias. Após a aprovação, não pode ser alterado. Mesmo em se tratando de internação, o orçamento deve ser entregue, e daquilo que não puder ser informado na hora, o hospital tem de apresentar uma previsão de uso e de custo.

Todo pagamento deve ser feito contra a entrega de recibo, que deve discriminar: honorários médicos e de outros profissionais, despesas de estada, uso de equipamentos, gastos com medicamentos etc.

Em casos de internação de urgência por convênio de saúde sem a guia de internação, às vezes é exigido um cheque caução, para ser trocado posteriormente pela guia autorizando a internação a ser emitida pelo convênio. Tal exigência é abusiva, e os órgãos de defesa do consumidor podem ser acionados nesse caso.

Uma última informação: todos os direitos que aqui apresento são extensivos aos familiares do paciente.

56

Como contratar um plano de saúde

Cuidado com as promessas dos corretores. Só acredite no que estiver escrito na proposta e no próprio contrato. É bastante comum a prática de promessas enganosas e nunca cumpridas.

Antes de ingressar em qualquer plano, obtenha informações a respeito dos vários planos existentes. Cheque prazos de carência e verifique-os na relação com as necessidades que preenchem, por exemplo: cobertura de gravidez, de doenças cardiovasculares etc.

Verifique também quais doenças o plano cobre e quais não cobre, bem como a cobertura para dependentes e agregados. Dê especial atenção às cláusulas de exclusão de cobertura. Certifique-se de que você entendeu adequadamente o que o plano não cobre, para não se surpreender depois.

Atente para a abrangência territorial do plano, isto é, quais cidades atende. O preço pode variar de acordo com a amplitude territorial: se local, pode custar muito menos que nacional. Veja quais são suas necessidades. Pergunte se você pode trocar de cobertura depois, caso precise, e o que isso acarreta.

Examine a qualidade e quantidade dos hospitais. Veja se são acessíveis a você, seus dependentes e agregados. Faça o mesmo em relação à qualidade e quantidade das clínicas, à especialização dos médicos e à qualidade e proximidade de especialidades de que mais necessita.

Veja se há atendimento vinte e quatro horas e a qualidade e proximidade de prontos-socorros.

Não se esqueça de checar o preço e a cláusula de reajuste, assim como a alteração do preço, por mudança de faixa etária.

Tire as dúvidas antes de assinar o contrato, podendo, para isso, consultar os órgãos de defesa do consumidor. Ainda antes de assinar, pergunte no Procon se a empresa sofre reclamações e de que tipo. Ao assinar o contrato, não deixe espaços em branco; risque-os ou ponha um "x" neles. Assinado o contrato, uma cópia tem de ser imediatamente entregue a você, datada e assinada pela empresa.

57

Cuidado ao mudar de plano de saúde

Primeiro pense bem se você está ou não satisfeito com o plano de saúde que já tem. Para isso, leve em consideração o preço, o respeito anterior aos reajustes no limite da inflação, o atendimento que você efetivamente recebeu, as coberturas existentes e as exclusões de doenças.

Considere também as coberturas para dependentes e agregados, a abrangência territorial, a qualidade e quantidade dos hospitais, especialmente no atendimento que você tenha efetivamente recebido. Faça o mesmo em relação a clínicas especializadas e a médicos.

Coloque tudo na balança, para não tomar uma atitude precipitada. Analise atentamente os prós e contras do plano que já tem e do plano para o qual deseja mudar. Será que vale mesmo a pena?

Compare a localização dos hospitais, clínicas e médicos não só na relação com o lugar onde você mora e com o local onde trabalha, como também com a proximidade do endereço de seus dependentes e agregados e verifique a existência de plantão vinte e quatro horas e a qualidade e quantidade dos prontos-socorros.

Outro ponto importante é a questão da faixa etária: pergunte das garantias do plano atual e o que aconteceria numa eventual mudança.

- **Cuidado com ofertas enganosas de outros planos**

Cuidado com o "chamariz" da publicidade enganosa que promete adquirir carência dos outros planos, cobrar muito mais barato ou dar cobertura mais ampla. Desconfie. Peça para ler o contrato, no qual constem expressamente todas essas promessas.

Desconfie, também, das ofertas dos corretores. Da mesma forma, peça para ler o contrato.

- **O que fazer se você resolver mudar**

Se, depois de tudo isso, você realmente resolver trocar de plano, antes ainda de assinar o novo contrato aja como se estivesse entrando num plano novo (veja a dica anterior).

58

Contratos padronizados de planos de saúde

As operadoras de plano de saúde podem oferecer três tipos de planos: o referência, o mínimo e o ampliado.

O plano referência é obrigatório para todas as operadoras e deve conter: atendimento ambulatorial, com coberturas de consultas médicas, em número ilimitado, em clínicas básicas e especializadas, serviços de apoio diagnóstico, tratamento e demais procedimentos ambulatoriais.

Deve também englobar internação hospitalar, com coberturas de atendimento em clínicas básicas ou especializadas, internações sem limitação de prazo, valor máximo e quantidade (atenção: o plano pode excluir o atendimento obstétrico).

Deve cobrir também atendimento em centro de terapia intensiva ou similar, sem limite de prazo, valor máximo e quantidade; honorários médicos; serviços de enfermagem e alimentação; exames complementares indispensáveis para o controle da doença; taxa da sala de cirurgia, incluindo os materiais utilizados; serviço de remoção do paciente, quando necessária, para outro estabelecimento hospitalar dentro do território brasileiro e despesas do acompanhante, nos casos dos pacientes menores de dezoito anos.

Caso inclua atendimento obstétrico, deverá cobrir atendimento a partos e ao recém-nascido durante os seus primeiros trinta dias (filho natural ou adotivo do consumidor ou de seu dependente).

Se incluir atendimento odontológico, terá cobertura de consultas, exames auxiliares ou complementares, procedimentos preventivos de dentística (tratamento de cáries e similares) e endodontia (tratamento de canais, raízes etc.), cirurgias orais menores, assim entendidas as realizadas no ambiente ambulatorial e sem anestesia geral.

É opcional a oferta do plano mínimo, com apenas atendimento ambulatorial, obstétrico ou odontológico ou ainda internação hospitalar. Pode ser oferecida uma combinação desses quatro modelos. No ampliado, as coberturas podem ser maiores, e as acomodações, mais confortáveis que as já previstas no plano referência.

59

O plano de saúde e as carências

Veja as carências e isenções:

- **Carência de 24 horas**

É o máximo de carência permitida no caso de cobertura de urgência e emergência. Por urgência entendem-se os atendimentos em casos resultantes de acidentes pessoais ou os decorrentes de complicações no processo gestacional. Mas, atenção: os casos de emergência, ao contrário do que muita gente pensa, são apenas os que implicam risco imediato de vida ou de lesões irreparáveis para o paciente.

- **Carência de 300 dias**

A lei permite a instituição do período de trezentos dias para carências no que respeita ao atendimento a partos. Na verdade, a lei não só permite, mas obriga. Isso porque esse prazo de carência foi instituído como obrigatório nos modelos de plano referência e mínimo. Logo, não é possível estabelecer prazo mais longo em nenhuma modalidade de plano ou seguro.

- **Carência de 24 meses**

Está preceituado que, no caso de doenças preexistentes à época da assinatura do contrato, a operadora do plano de saúde pode estabelecer o não atendimento pelo período de vinte e quatro meses.

- **Carência de 180 dias**

O prazo máximo de carência permitido para todos os demais casos diversos dos transcritos é de cento e oitenta dias apenas.

- **Isenção de carências**

A lei prevê que em algumas hipóteses haverá isenção de carência ou aproveitamento do período desta usufruído pelo titular. São os seguintes casos:

– Recém-nascido

O recém-nascido está isento de carência por trinta dias, contados da data de seu nascimento. Se, dentro desse prazo, os pais efetuarem a inscrição do recém-nascido no plano de saúde, ele ingressará isento de qualquer carência.

– Filho adotivo menor de 12 anos

Tem direito ao aproveitamento das carências já cumpridas pelo consumidor adotante.

60

Outras garantias dos planos de saúde

Os prestadores de serviços conveniados ou credenciados pelas operadoras dos planos de saúde são considerados incluídos no contrato principal. Dessa maneira, as operadoras estão obrigadas a mantê-los durante sua vigência. É permitida sua substituição apenas se a troca for feita por outro operador que ofereça serviço nas mesmas condições e com a mesma qualidade,se o consumidor for avisado da troca e se a Agência Nacional de Saúde Suplementar – ANS for previamente comunicada, com prazo mínimo de trinta dias.

Caso a substituição alcance o consumidor internado, ele terá garantido o direito de permanecer no hospital sem nenhuma despesa.

O preço inicial do plano de saúde é fixado livremente pela operadora. Os reajustes podem ser feitos somente com autorização da ANS.

- **Mudança de preço por faixa etária**

Pode haver variação de preço em razão da idade, desde que esteja expressamente prevista no contrato inicial.

Há, contudo, um impedimento expresso para o aumento da prestação: a operadora não pode mudar o preço para os consumidores que tenham mais de sessenta anos de idade e já estejam participando do plano de saúde ou sucessores há mais de dez.

São sete as faixas etárias:

I – 0 a 17 anos de idade;

II – 18 a 29 anos de idade;

III – 30 a 39 anos de idade;

IV – 40 a 49 anos de idade;

V – 50 a 59 anos de idade;

VI – 60 a 69 anos de idade;

VII – 70 anos de idade ou mais.

- **Prazo de internação: proibição da limitação**

É proibido limitar o tempo de internação hospitalar.

- **Prazo do contrato**

A lei dispõe que os contratos se renovam automaticamente a partir do fim da vigência inicial, sendo vedada a cobrança de qualquer taxa a título de renovação.

- **Inadimplência**

É permitido suspender a prestação do serviço ao inadimplente para atrasos superiores a sessenta dias, consecutivos ou não, nos últimos doze meses de vigência do contrato. E, para efetuar a suspensão, a operadora tem de notificar o consumidor em atraso até o 50º dia da inadimplência.

Bibliografia

AGUIAR JR., Ruy Rosado de. *Responsabilidade civil do médico*. RT 718/33-53.

ALVIM, Thereza; ARRUDA ALVIM, José Manuel. *Código do Consumidor comentado*. 2. ed. São Paulo: Revista dos Tribunais, 1995.

BENJAMIN, Antônio Herman. *Código Brasileiro de Defesa do Consumidor comentado pelos autores do anteprojeto*. 6. ed. Rio de Janeiro: Forense Universitária, 1999.

______. O transporte aéreo e o Código de Defesa do Consumidor. *Revista de Direito do Consumidor* 26/33-44.

CABRAL, Plínio. Propaganda: técnica da comunicação industrial e comercial. São Paulo: Atlas, 1986.

CALDEIRA, Mirella D'Angelo; RIZZATTO NUNES, Luiz Antonio. *O dano moral e sua interpretação jurisprudencial*. São Paulo: Saraiva, 1999.

CAVALIERI FILHO, Sérgio. Responsabilidade civil das instituições bancárias por danos causados a correntistas e a terceiros. *Revista de Direito do Consumidor* 34/102-110.

CENEVIVA, Walter. *Publicidade e Direito do Consumidor*. São Paulo: Revista dos Tribunais, 1991.

CONGRESSO INTERNACIONAL DE NORMALIZAÇÃO E QUALIDADE, *Anais*. Rio de Janeiro: ABNT, 1990.

COVELLO, Sérgio Carlos. *Contratos bancários*. 2. ed. São Paulo: Saraiva, 1991.

DE LUCCA, Newton. *Direito do consumidor:* aspectos práticos. São Paulo: Edipro, 2000.

FILOMENO, José Geraldo Brito. *Manual de direitos do consumidor*. São Paulo: Atlas, 1991.

GRECO, Marco Aurélio. *Direito e internet*. São Paulo: Dialética, 2000.

KLOTER, Philip A. *Administração e marketing:* análise, planejamento e controle. São Paulo: Atlas, 1985.

LACERDA FILHO, Fausto Pereira. *Cartões de crédito*. Curitiba: Juruá, 1990.

LÔBO, Paulo Luiz Netto. A informação como direito fundamental do consumidor. *Revista de Direito do Consumidor* 37/59-76.

MACEDO JUNIOR, Ronaldo Porto. Direito à informação nos contratos relacionais de consumo. *Revista de Direito do Consumidor* 35/113-122.

MARQUES, Cláudia Lima. *Contratos no Código de Defesa do Consumidor*. 2. ed. São Paulo: Revista dos Tribunais, 1995.

______. A responsabilidade do transportador aéreo pelo fato do serviço e o Código de Defesa do Consumidor — Antinomia entre norma do CDC e de leis especiais. *Revista de Direito do Consumidor* 3/154-197.

NARCHI, Edney G. Da publicidade e sua disciplina no Código de Defesa do Consumidor. *Justitia*, São Paulo: MPSP, v. 160, p. 73, 1992.

PASQUALOTTO, Adalberto. *Os efeitos obrigacionais da publicidade no Código de Defesa do Consumidor*. São Paulo: Revista dos Tribunais, 1997.

PFEIFFER, Roberto Augusto Castellanos. Serviços públicos concedidos e proteção do consumidor. *Revista de Direito do Consumidor* 36/164-175.

PINHO, J. B. *Comunicação em marketing*. Campinas: Papirus, 1988.

RIZZATTO NUNES. *Empresa & Código de Defesa do Consumidor*. São Paulo: Artpress, 1991.

______. *Curso prático de direito do consumidor*. São Paulo: Revista dos Tribunais, 1992.

______. *Compre bem — manual de compras e garantias do consumidor*. 3. ed. rev. ampl. São Paulo: Saraiva, 2000.

______. *Comentários à Lei de Plano e Seguro-Saúde*. 2. ed. rev. ampl. São Paulo: Saraiva, 2000.

______. *O Código do Consumidor e sua interpretação jurisprudencial*. 2. ed. rev. ampl. São Paulo: Saraiva, 1999.

______. *Curso de Direito do Consumidor*. 2. ed. rev. mod. e atual. São Paulo: Saraiva, 2005.

______. A publicidade enganosa e o direito do consumidor. *Revista do Ministério Público do Estado de São Paulo*, São Paulo, dez. 1993.

______. O que você precisa saber para ter férias tranqüilas. *Revista do Consumidor Moderno*, São Paulo, dez. 1997 e jan. 1998.

______. Como comprar produtos importados. *Revista do Consumidor Moderno*, São Paulo, jun. 1998.

______. A reparação do dano moral. *Folha de S. Paulo*, 2 set. 1997.

______. Os planos de saúde e a Lei estadual n. 9.495. *Tribuna do Direito*, abr. 1997.

______. Orçamento. *A Tribuna*, 25 maio 1998 (Suplemento *Em Defesa do Consumidor*).

______. A inversão do ônus da prova no Código de Defesa do Consumidor. *Folha de S. Paulo*, 30 set. 1997.

______. Da legalidade do cheque pré-datado. *Tribuna do Direito*, set. 1996.

———. A ANEEL engana o consumidor. Disponível em: <www.saraivajur.com.br>, 07-01-2003; In: *Tribuna do Direito*, jan. 2003.

———. O Código de Defesa do Consumidor e o novo Código Civil. Disponível em: <www.saraivajur.com.br>, 8-11-2002.

———. Os consumidores seqüestrados. Disponível em: <www.saraivajur.com.br>, 11-3-2002.

———. O Código de Defesa do Consumidor e o art. 192 da Constituição Federal: conflito entre a lei ordinária e lei complementar? Disponível em: <www.saraivajur.com.br>, 31-1-2002.

———. O cheque pré-datado e a falência do fornecedor. Disponível em: <www.saraivajur.com.br>, 26-10-2001.

———. É inconstitucional qualquer medida provisória que pretenda afastar o Código de Defesa do Consumidor. Disponível em: <www.saraivajur.com.br>, 28-5-2001.

———. As ações coletivas e a defesa do consumidor, da ordem econômica e da economia popular. Disponível em: <www.saraivajur.com.br>, 5-3-2001.

———. O consumidor-idoso em face do Estatuto do Idoso. Disponível em: <www.saraivajur.com.br>, 4-11-2003.

———. O Código de Defesa do Consumidor e os planos de saúde: o que importa saber. Disponível em: <www.saraivajur.com.br>, 10-9-2003.

______. Os juros no Código Civil e suas implicações para o Direito do Consumidor. Disponível em: <www. acasadodireito.com.br>, 6-7-2006.

______. Os 15 anos do Código de Defesa do Consumidor. Disponível em: <www.acasadodireito.com.br>, 6-7-2006.

______. O cheque pré-datado e a falência do fornecedor. Disponível em: <www.saraivajur.com.br>.

Rizzatto Nunes

Desembargador do Tribunal de Justiça de São Paulo, Rizzatto Nunes é mestre e doutor em Filosofia do Direito pela PUC-SP e livre-docente em Direito do Consumidor pela mesma escola. É coordenador do Programa de Mestrado e Doutorado em Direito da Unimes — Santos e coordenador do Curso de Especialização em Direito do Consumidor da OAB-SP. É professor há mais de 28 anos em cursos de graduação, pós-graduação (mestrado e doutorado) e de especialização.

Um dos maiores especialistas em Direito do Consumidor do país, escreveu 35 obras, sendo 11 ligadas ao Direito do Consumidor (a maior parte publicada pela Saraiva).

Para ele, o direito do consumidor é o direito da cidadania contemporânea e, por isso, Rizzatto tem se dedicado a falar e escrever não só em livros, mas em artigos (são mais de 250 publicados), numa linguagem clara, para que a população entenda quais são e como exercer esses direitos. Também por intermédio da imprensa escrita, do rádio e da tevê, o autor tem ajudado milhares de consumidores a fazer boas compras.

Atualmente, o professor Rizzatto Nunes assina uma coluna na revista *Terra Magazine*, às segundas-feiras, tratando de direito do consumidor e de cidadania (www.terra.com.br/terramagazine). Escreve também no site www.beabadoconsumidor.com.br e em seu blog www.acasadodireito.com.br.